TRANSIÇÃO DE GOVERNO NOS MUNICÍPIOS BRASILEIROS

IMATURIDADE E CONTROLES

RONALD FONTENELE ROCHA

TRANSIÇÃO DE GOVERNO NOS MUNICÍPIOS BRASILEIROS

IMATURIDADE E CONTROLES

Belo Horizonte
FORUM
CONHECIMENTO JURÍDICO
2021

FÓRUM
CONHECIMENTO JURÍDICO

Luís Cláudio Rodrigues Ferreira
Presidente e Editor

Coordenação editorial: Leonardo Eustáquio Siqueira Araújo
Aline Sobreira de Oliveira

Av. Afonso Pena, 2770 – 15º andar – Savassi – CEP 30130-012
Belo Horizonte – Minas Gerais – Tel.: (31) 2121.4900 / 2121.4949
www.editoraforum.com.br – editoraforum@editoraforum.com.br

Técnica. Empenho. Zelo. Esses foram alguns dos cuidados aplicados na edição desta obra. No entanto, podem ocorrer erros de impressão, digitação ou mesmo restar alguma dúvida conceitual. Caso se constate algo assim, solicitamos a gentileza de nos comunicar através do *e-mail* editorial@editoraforum.com.br para que possamos esclarecer, no que couber. A sua contribuição é muito importante para mantermos a excelência editorial. A Editora Fórum agradece a sua contribuição.

Dados Internacionais de Catalogação na Publicação (CIP) de acordo com a AACR2

R672t Rocha, Ronald Fontenele
Transição de governo nos municípios brasileiros: imaturidade e controles / Ronald Fontenele Rocha.– Belo Horizonte : Fórum, 2021.

160 p.; 14,5 x 21,5cm
ISBN: 978-65-5518-306-1

1. Direito Administrativo. 2. Direito Constitucional. I. Título.

CDD 341.3
CDU 342.9

Elaborado por Daniela Lopes Duarte - CRB-6/3500

Informação bibliográfica deste livro, conforme a NBR 6023:2018 da Associação Brasileira de Normas Técnicas (ABNT):

ROCHA, Ronald Fontenele. *Transição de governo nos municípios brasileiros:* imaturidade e controles. Belo Horizonte: Fórum, 2021. ISBN 978-65-5518-306-1.

À família e aos amigos.

Agradecimentos especiais ao Professor Doutor Francisco Luciano Lima Rodrigues e à Professora Doutora Maria Lírida Calou de Araújo e Mendonça pelas valiosas orientações.

Leopardos irrompem no templo e bebem até o fim o conteúdo dos vasos sacrificiais; isso se repete sempre; finalmente, torna-se previsível e é incorporado ao ritual.
(Franz Kafka)

SUMÁRIO

INTRODUÇÃO

O ideal democrático guarda em seu seio um paradoxo fundamental: de um lado lhe é essencial a alternância de poder; de outro, esse revezamento gera de tempos em tempos uma crise provisória, inerente mesmo à troca de mãos do poder. Com efeito, comumente é eleito nas urnas um opositor, que passa a ser o novo destinatário das intenções populares, mas por uma questão cronológica, o gestor anterior continua em exercício por um período de tempo não desprezível (no Brasil, mais de dois meses: de outubro a dezembro), até a posse do sucessor. Esse período de transição é nevrálgico, pois nele ocorre uma tensão entre a necessária regularidade dos serviços públicos essenciais e a possível prática de atos lesivos por parte de gestores no apagar das luzes do mandato.

Se isso é verdadeiro no plano abstrato, tal risco é multiplicado quando contextualizado no pano de fundo dos rincões do federalismo brasileiro, a saber, nos municípios (notadamente os menos desenvolvidos), onde ainda afloram com considerável força uma cultura tipicamente patrimonialista e distribuição assimétrica de direitos. Não é difícil imaginar como esse ambiente arcaico, de relativa confusão entre o público e o privado, marcado pela corrupção sistêmica e inadequada relação entre o jurídico e o político, opera seus efeitos psicológicos sobre os gestores municipais que estão na iminência de entregar o poder a um opositor, refletindo-se em atos de gestão ou omissão danosos ao bem comum.

De fato, a experiência registra que prevalecem neste período más práticas de gestão, consistentes no sucateamento voluntário de bens públicos, interrupção de serviços públicos essenciais, ocultação de documentos e arquivos de informática, endividamento do ente público sem lastro financeiro, não pagamento de servidores e fornecedores, desvio de verbas – o que se convencionou chamar genericamente de "desmonte" – com risco de inviabilização do início de gestão do opositor eleito. Verifica-se, pois, que a transição de gestões municipais no Brasil ainda é marcada em boa medida pela improvisação e precariedade. Com frequência os gestores eleitos recebem os municípios em situação de completo caos administrativo e financeiro, com interrupção de serviços tão essenciais quanto a limpeza pública, por exemplo.

O enfrentamento destes males, de outro lado, diz respeito ao próprio avanço do processo civilizatório, o qual passa pela estabilização das instituições públicas e privadas, implicando, no âmbito estatal, racionalização da transição de mandatos no Poder Executivo municipal, que tem como pressuposto a mudança de mentalidade dos personagens envolvidos.

O fenômeno da alternância do Poder Executivo no âmbito dos municípios brasileiros, aqui abordado, tem vários atores (gestores em exercício e eleitos, procuradores e controladores internos, órgãos de fiscalização externa, Poder Legislativo, Judiciário e povo). Um avanço nesta seara exige prévia análise da postura desejada por parte desses atores. Este livro focará nos agentes institucionais de controle jurídico.

Diante deste panorama cultural e político, que se encontra no mundo do *ser*, surge um *dever-ser*, que reclama um equilíbrio adequado entre Direito e Política, típico de um Estado Democrático de Direito. Para tanto, faz-se necessária a compreensão da complexidade, dos limites e das relações entre os sistemas jurídico e político, mediadas pela Constituição, bem como das corrupções e imaturidades sistêmicas.

Constatada uma realidade sempre imperfeita, o Direito Constitucional traz em seu bojo as sementes para uma transformação. Elege-se como instrumento jurídico o *direito à boa administração pública*, reconhecido no contexto de constitucionalização do Direito Administrativo, o qual, devido à sua fundamentalidade, possui máxima eficácia (possível) e aplicabilidade imediata, dando ensejo à ideia de *bom controle público*.

A natureza principiológica dos direitos fundamentais é apta no caso a viabilizar a devida conformação do Direito Administrativo, notadamente dos controles jurídicos da Administração Pública, às peculiaridades dos períodos de transição governamental, modulando assim a postura dos agentes de fiscalização e as intensidades de controle, a favorecer uma atuação integrada, planejada, tempestiva e proativa, de cunho predominantemente preventivo, e adaptada ao objeto a ser controlado e suas circunstâncias concretas (plasticidade ou ductilidade do controle público).

Os efeitos irradiados pelo direito fundamental à boa administração pública – composto pelos conceitos de administração eficiente, transparente, moral e proba – impõe também uma conformidade do legislador, o qual deve abrigar os agentes de fiscalização e controle sob uma constelação normativa adequada (cível, penal e eleitoral), fornecendo regras apropriadas a limitar o administrador a partir do início do último ano de mandato. Já existe um esforço nesse sentido por parte do legislador brasileiro.[1]

Registre-se a importância do trabalho dos Tribunais de Contas e do Ministério Público em realizar, sobretudo no âmbito municipal, estratégias de fiscalização conjunta e parceria, a fim inibir as más práticas mencionadas (operações "antidesmonte"). Mas esse esforço, apesar de fornecer experiências pontuais exitosas, ainda não conseguiu romper com a cultura do desmantelamento da coisa pública e da erosão dos serviços públicos essenciais no período examinado.

Assim, orientar-se-á a pesquisa para responder às seguintes questões: Quais as causas próximas e remotas do fenômeno estudado (baixo nível de racionalidade e institucionalidade das transições de gestões municipais)? O direito fundamental à boa administração pública pode ser deduzido da Constituição Federal de 1988, como síntese dos seus princípios administrativos? Em caso positivo, em que medida o Direito à boa administração legitima e exige um bom controle público, notadamente uma ação integrada, proativa, tempestiva e adaptada (dúctil) dos órgãos de controle jurídico na transição de mandatos municipais?

O tema ora enfrentado possui relevância teórica. Com efeito, embora a literatura nacional não careça de livros sobre corrupção, controle da Administração Pública, improbidade administrativa ou crimes contra a Administração Pública, o tema específico da transição de governos ainda é pouco explorado. Outrossim, não obstante a ampla consagração dos princípios da impessoalidade, moralidade, transparência, eficiência, e probidade administrativa, é oportuno perquirir sobre a positividade e os efeitos concretos do direito fundamental à boa administração pública, no contexto da progressiva constitucionalização do Direito, extraindo suas consequências práticas sobre a atuação dos agentes de controle. Ainda, merecem abordagem as ligações entre o

---

[1] No âmbito federal, destacam-se: Lei de Responsabilidade Fiscal (LC nº 101/2000) e Lei Eleitoral (Lei nº 9.504/97). Exemplos de normas penais que contêm em seu enunciado elemento temporal pertinente ao encerramento de mandato são os arts. 359-C e 359-G do Código Penal Brasileiro, ambos inseridos pela Lei nº 10.028/2000.

direito fundamental à boa administração pública e os controles jurídicos da transição governamental, sobretudo no âmbito do Poder Executivo municipal, onde a cultura patrimonialista brasileira pode ser observada mais de perto e com maior nitidez.

A relevância prática do tema nasce da tensão entre descontinuidade de governo e necessária continuidade dos serviços públicos essenciais. Um novo modelo de comportamento, notadamente dos órgãos e agentes de controle, passa por um prévio estudo dos percalços e possíveis soluções normativas e pragmáticas. É preciso investigar se o proclamado direito fundamental à boa administração pública é mais do que um simples enunciado retórico, de caráter estético. Verificar se embute uma postura ética que deve nortear os operadores do Direito, capaz de remodelar os contornos dos controles jurídicos da Administração Pública, propiciando uma modernização do Estado e, em última instância, dos costumes, promovendo avanço civilizatório.

A importância social do estudo do tema decorre do fato de que o baixo nível de institucionalidade, as frequentes rupturas políticas e as más práticas destacadas impedem o avanço dos municípios, os quais voltam cada vez à "estaca zero", com reflexos negativos sobre as localidades, regiões e, em última análise, sobre o desenvolvimento nacional.

Assim, partindo do exame teórico da dinamicidade da relação entre o jurídico e o político à luz da teoria dos sistemas, e com foco no processo histórico de amadurecimento dos sistemas jurídico e político brasileiros, tem-se por objetivos: perquirir as causas próximas e remotas do fenômeno (más práticas de gestão em final de mandatos nos municípios brasileiros); verificar a positividade do direito fundamental à boa administração pública no ordenamento jurídico brasileiro, bem como suas possibilidades de concretização no período de transição de mandatos do executivo municipal, por meio de um bom controle público, com atuação dúctil e adaptada dos órgãos de controle da Administração Pública no período crítico.

Para tanto, este livro, como já se disse, traz não apenas aspectos jurídicos, mas também históricos e sociológicos, pois o caldo cultural político brasileiro é fator que não pode ser desconsiderado, tanto no dimensionamento do fenômeno em tela, quanto na adoção das estratégias adequadas de enfrentamento, por parte dos órgãos controladores da Administração Pública.

Após labor dogmático referente à teoria dos sistemas, notadamente às relações entre o político e o jurídico, e especificamente sobre a positivação e os contornos do direito fundamental à boa administração pública, acompanhado de abordagem histórica e sociológica, o presente obra abordará aspectos teóricos e práticos do controle dos atos administrativos e omissões em final de gestão municipal.

O livro é dividido em cinco capítulos: no primeiro será examinada a relação dinâmica entre Política e Direito à luz da teoria dos sistemas; o segundo tratará da ordem jurídico-política brasileira, em uma perspectiva histórica; no terceiro, serão expostos a origem e desenvolvimento do direito à boa administração pública na Europa e no Brasil; no quarto, abordar-se-ão a ductilidade e os graus de intensidade dos controles da Administração Pública, bem como a ideia de bom controle público; no quinto, analisar-se-ão aspectos teóricos e práticos dos controles jurídicos da transição de mandatos no Poder Executivo municipal, e apresentar-se-á breve estudo de caso.

CAPÍTULO 1

O SISTEMA JURÍDICO E O SISTEMA POLÍTICO

A sociedade hipermoderna,[2] extremamente complexa, necessita, mais do que nunca, dividir-se em sistemas funcionalmente diferenciados, entre eles, Direito e Política,[3] com escopo de reduzir complexidade, possibilitando a comunicação e a solução de problemas específicos. Tais sistemas são, ou gradualmente se tornam (devem ser) autopoiéticos, ou seja, cognitivamente abertos e operacionalmente fechados. Uma relação equilibrada, estável, mas dinâmica (evolutiva), entre Direito e Política exige compreensão de suas funções, limites e complexidades, e que as influências recíprocas e aprendizado mútuo sejam sempre filtrados, mediados pela Constituição, a qual funciona como acoplamento estrutural entre esses dois sistemas. Somente por esta via pode se legitimar alguma "politização" da justiça ou "juridicização" da Política. Influências e perturbações outras são indesejáveis corrupções sistêmicas, ou sinal de *imaturidade sistêmica (desdiferenciação, fechamento incompleto ou abertura cognitiva insuficiente).*

Nesse contexto, situam-se as instituições, que podem atuar perante mais de um sistema, sendo capazes de adotar uma racionalidade transversal, fomentando mudança sociocultural. O planejamento das ações pelas instituições de controle deve levar em conta aspectos jurídicos e políticos, com adoção de uma racionalidade transversal que atenda a necessidades de evolução e amadurecimento tanto do sistema jurídico

---

2 Prefere-se o termo hipermodernidade, por traduzir não uma superação da modernidade (como o termo pós-modernidade sugere), e sim o seu cúmulo. Nesse sentido: LIPOVETSKY; SERROY (2015). Também: LIPOVETSKY (2004). Para uma crítica à modernidade: BAUMAN (2001). Também: BAUMAN (2010).

3 Poder-se-iam citar também religião, economia, arte, educação, entre outros subsistemas sociais.

quanto do político, propiciando um contato equilibrado entre Direito e Política, mediado pela Constituição, sem excessos ou omissões, e assim, evitando tanto o distanciamento quanto o agigantamento de um desses sistemas em relação ao outro, ou seja, contribuindo para a sua progressiva autopoiese.[4]

1.1 Sistemas sociais: comunicação, evolução e corrupção

Nos anos 1950, Ludwig Von Bertalanffy afirmou que a maioria dos objetos da Física, Biologia ou Sociologia formam sistemas. Pretendia a unificação das disciplinas em torno do conceito de sistema. Na mesma época, Talcott Parsons desenvolveu esta ideia no âmbito das relações sociais, influenciando o sociólogo alemão Niklas Luhmann, o qual, por sua vez, construiu uma elaborada teoria com pretensão de universalidade e abstração, descrevendo a sociedade como um sistema composto de vários subsistemas (sistemas parciais), fechados mas coligados (ROCHA; DUTRA, 2005).

Na qualidade de metateoria[5] que objetiva explicar toda a ordem social e seus princípios elementares, a concepção luhmanniana se apresenta como alternativa ao contratualismo e outras teorias baseadas no consenso,[6] bem como ao materialismo histórico,[7] por exemplo.

Luhmann foi também influenciado pelas ideias dos biólogos chilenos Humberto Maturana e Francisco Varela, segundo os quais os seres vivos e as máquinas seriam sistemas autopoiéticos.[8] A partir da

---

[4] Os conceitos de sistema, comunicação, autopoiese, acoplamento estrutural, racionalidade transversal, e outros correlatos, serão aclarados a seguir, notadamente através da doutrina de Niklas Luhmann, Günther Teubner e Marcelo Neves.

[5] A teoria dos sistemas de Luhmann é uma metateoria, que busca as formas elementares da ordem social, os seus princípios básicos (NAFARRATE, 2016, p. 11) ou: "*superteoria*", inclusive com função reflexiva (autológica) (MASCAREÑO, 2016, p. 24-25).

[6] Para uma crítica ao contratualismo como forma de menosprezo de aspectos da ordem social que não podem ser reconduzidos à vontade individual e ao consenso: Luhmann (2018, p. 29).

[7] Para uma crítica ao materialismo histórico de Marx, em face da insuficiência do dualismo capital *versus* trabalho para explicar a dinâmica de uma sociedade complexa: Luhmann (2018, p. 137). Sobre a incompatibilidade de uma teoria sistêmica realista com o modelo radical-socialista, Danilo Zolo pontua que este pressupõe centralidade e expansão do sistema político em detrimento dos demais subsistemas sociais, e parte da crença (com Marx) de que o progresso civil levará não a um aumento de complexidade, e sim a uma progressiva simplificação, o que contradiz frontalmente a experiência das sociedades industriais avançadas (ZOLO, 1996).

[8] Embora Luhmann se distancie de algumas das conclusões de Maturana e Varela, para diferenciar os sistemas "constituintes de sentido" (psíquicos e sociais) (LUHMANN, 2016, p. 57).

distinção entre o ser vivo e seu meio, concluíram que ambos possuem uma dinâmica estrutural própria, operacionalmente distinta. Para os mesmos, os seres vivos, perturbados por uma mudança ambiental, sofrem alterações a partir de suas próprias estruturas, de sua própria dinâmica. Mais: ressalvados os processos destrutivos, havendo alguma estabilidade, existe uma compatibilidade entre sistema e entorno, com interações e perturbações mútuas geradoras de evoluções, processo denominado "acoplamento estrutural" (MATURANA; VARELA, 2001, p. 107-112).

A teoria luhmanniana concebe vários tipos de sistemas: vivos, psíquicos e sociais. Cada sistema possui dois lados: o interno, de complexidade[9] (auto) organizada, e o externo – ambiente – de complexidade desorganizada (ROCHA; DUTRA, 2005). Analisa a sociedade através da noção de sistema/entorno (ou seja, é uma visão desumanizada).[10] O ponto de partida, aqui, é a diferença entre sistema e ambiente (LUHMANN, 2016).

Nessa linha, a sociedade seria sistema formado exclusivamente por comunicação. Em que pese à dificuldade da comunicação, consequência da dupla contingência (seletividade, de um lado, na informação e forma de partilha, e de outro na compreensão) e a independência entre as seleções dos interlocutores, estas são ligadas pela referência a um "mesmo âmbito de sentido condensado em meios de comunicação simbolicamente generalizados" (MASCAREÑO, 2016, p. 19-20). A reiteração de uma seleção de sentido em comunicações produz identidade e diferenciação, gerando sistemas para resolver problemas específicos (MASCAREÑO, 2016). Sentido pode ser definido, pois, como o conjunto dos possíveis conteúdos da comunicação, culturalmente organizado (ECO, 2004).

Então, em uma sociedade moderna, ou funcionalmente diferenciada, as "conversas" (comunicações com sentido) são divididas por temas, que configuram subsistemas, cuja função primordial é reduzir complexidade e possibilitar o sentido.[11] São subsistemas sociais, por exemplo, a Política, o Direito, economia, a ciência, a arte, a religião. Todos esses sistemas possuem estrutura e estabilidade, mas são dinâmicos, estando em constante evolução.[12]

---

9 Complexidade como impossibilidade de cálculos mais seguros (LUHMANN, 2016).

10 Sobre o caráter anti-humanista da epistemologia de Luhmann: Rodrigues e Neves (2017).

11 Redução de complexidade: o ambiente é sempre mais complexo do que o sistema (LUHMANN, 2016).

12 Evolução, aqui, é um conceito neutro, não tendo conotação moralista nem progressista, mas apenas de mudança, transformação (SILVA, 2016).

Os subsistemas sociais autopoiéticos não são isolados: são capazes de observar e aprender com o entorno, inclusive com outros sistemas (abertura cognitiva), mas a seleção[13] do que os influenciará e o processo de reprodução se dá a partir de elementos internos (fechamento operacional).[14] Os subsistemas funcionais desempenham cada um função específica, por meio de estrutura baseada em código binário próprio (ROCHA; DUTRA, 2005). Por exemplo: Arte – belo/feio; Ciência – teoria verdadeira/falsa; Direito – lícito/ilícito; Política – governo/oposição; Religião – fé/não fé; Economia – propriedade/não propriedade (SILVA, 2016).

Urich Beck critica a teoria dos sistemas, acusando-a de se centrar na reprodução de sistemas sociais, e não em sua transformação, tendo assim um caráter de sociologia "do fim da história" (BECK, 2018, p. 96). Entretanto, os sistemas luhmannianos, apesar de possuírem alguma estabilidade (intrínseca mesmo à noção de sistema), não são estruturas fechadas e imutáveis, sendo capazes de aprender. Obviamente, a aprendizagem é um processo que se dá dentro da história. Evolução social implica diferenciação funcional, com o desenvolvimento de estruturas através de processos autorreferenciais (ROCHA, DUTRA, 2005). Assim, a noção sistêmica de Luhmann une estrutura e processo (dinamicidade). A objeção seria correta se – como fez Bauman[15] – direcionada à teoria dos sistemas de Talcott Parsons, que descrevia a sociedade como um corpo sólido, uma estrutura organizada e estável.

Para Beck (2018) a "reivindicação acadêmica de autorreflexão autorreferencial (autopoiesis)", e o conhecimento que daí deriva, são "estreiteza de pensamento" (p. 244). A pergunta que se põe é: essa estreiteza é superável de fato por um pensamento holístico, total? Ou tal pensamento, liberto da estreiteza dos sistemas autopoiéticos, se perde na vastidão do todo? Confunde-se aqui estreiteza com organização de pensamento. Apesar de experimentar o mundo em sua complexidade, não se consegue comunicar o todo, sendo necessário distinguir. A sociedade, composta de comunicação, é um "jogo de distinções" (NAFARRATE, 2016, p. 12). Para Luhmann, as principais

---

[13] O conceito de seleção, nos sistemas complexos, não pode ser compreendido como uma ação de um sujeito. É um procedimento sem sujeito, decorrência da própria diferença entre sistema e entorno (LUHMANN, 2016).

[14] Sistemas autorreferenciais, que se autoconstituem e se autorreproduzem (LUHMANN, 2016). Acerca da combinação entre fechamento (operacional) e abertura (cognitiva), através da relação seletiva contínua e estável do sistema com seu entorno (NEVES, 2018).

[15] Bauman considera ultrapassada a teoria de Parsons, por negligenciar o caráter processual da sociedade, evidenciado por Victor Turner (2016).

características da sociedade contemporânea são a complexidade e a contingência, o que se contrapõe ao limitado potencial humano para perceber, compreender e agir, obrigando, assim, a uma seleção entre as possibilidades (ROCHA; DUTRA, 2005). No mais, a diferenciação sistêmica da sociedade não é uma mera estratégia cognitiva individual de enfrentamento da complexidade, e, sim, um dado da realidade social, teórica e empiricamente constatável.

Não menos constatáveis são as frequentes corrupções sistêmicas, a saber, indevidas invasões de um sistema em outro em detrimento do acoplamento estrutural. Quando generalizadas, culminam em quebra da autopoiese, como acontece quando o Direito é dominado pela Política, nas sociedades atrasadas ou autocráticas. Esse ambiente favorece também a subordinação do sistema político a interesses particulares, econômicos e familiares (NEVES, 2011).

1.2 Direito e Política como sistemas sociais

A partir da dinâmica acima descrita, desenvolvem-se os sistemas jurídico e político. A Política resolve, ou tenta resolver, o problema do poder. Seu código binário é governo/oposição. Assim, toda conversa que diz respeito aos códigos do poder pode ser denominada de política. O Direito, por sua vez, está relacionado ao problema da decepção de expectativas normativas (MASCAREÑO, 2016). Nessa linha, o Direito pode ser definido, de um modo geral, como qualquer "conversa" em que é tematizada a licitude ou ilicitude de algo (SILVA, 2016).

A função do Direito é a redução da complexidade e aumento da estabilidade pela seleção de expectativas normativas contrafáticas. O Direito objetiva, por meio das normas jurídicas (em sentido amplo, incluindo leis e contratos) virtualizar, coagular relacionamentos, estabilizar comportamentos, fixar procedimentos através de processos contínuos (LÉVY, 2011) e solucionar conflitos. Na prática, os diferentes sistemas funcionais recorrem ao sistema jurídico em caso de conflito, quando seus mecanismos se revelaram insuficientes para a solução. Para tanto, o conflito deve ser definido em termos próprios do sistema jurídico (RODRÍGUEZ, 2010). O Direito faz uso do código binário lícito/ilícito. O Direito tem (*deveria ter*) autonomia (fechamento) operacional, apesar das complexas relações com o seu ambiente (outros sistemas). Sua autorreprodução é (*deveria ser*) interna, pois as decisões jurídicas (normas, decisões judiciais etc.) se dão *dentro* do sistema (ROCHA; DUTRA, 2005), com racionalidade *em princípio* limitada.

De outro lado, o objetivo da Política é a organização das divergências sobre um consenso mínimo (MENDONÇA, 2016). Política pressupõe margem de manobra: decisão com alguma incerteza sobre as alternativas ou suas consequências, quer do ponto de vista de probabilidade fática quer de valoração (DAHL, 2016).[16] Qualquer que seja o uso que o sistema político faça da Constituição, a limitação do sistema político é essencialmente política, e não jurídica, encontrando-se, em última análise, no próprio jogo de poder e em cálculos políticos (RODRÍGUEZ, 2010).

Assim, considerando este antagonismo básico, não é difícil compreender a existência de pontos de atrito entre os dois sistemas sociais. Acerca da complexidade da relação entre Direito e Política, cabem algumas exemplificações:

Primeiramente, cabe dizer que há evidentes vinculações entre os sistemas funcionais político e jurídico: a Política fornece premissas para o legislador; o Direito fornece a legalidade necessária ao uso do poder; o Direito fornece à Política premissas para utilização da força, e esta oferece àquele a possibilidade de uso da força para garantir obediência (RODRÍGUEZ, 2010). O sistema jurídico produz normas que servem não apenas para limitar o sistema político, a exemplo dos direitos fundamentais, mas também para garantir suas estruturas, principalmente através da disponibilização de institutos constitucionais para regular a eleição política, a divisão de Poderes e a diferenciação entre Política e Administração (NEVES, 2018).

Em segundo lugar, a aplicação do Direito não é simplesmente aplicação de regras pré-existentes. Pelo contrário: com frequência possui um componente criativo, sendo difícil separar rigidamente argumentos jurídicos e políticos, pois quando os aplicadores da lei criam Direito, eles devem estar atentos às consequências (impactos), tanto quanto o legislador. Isso se aplica à interpretação das leis, nos casos difíceis, o que incrementa a qualidade da decisão jurídica e a própria legitimidade da função jurisdicional (MATHIS, 2012).

Em terceiro lugar, princípio (jurídico), na clássica lição de Dworkin (2002), seria um padrão de justiça ou de moralidade, enquanto política, um padrão que estabelece um objetivo social. Direitos subjetivos seriam trunfos contra a Política. Entretanto, nem sempre a distinção entre o

---

[16] No Brasil, o pluralismo político é um dos fundamentos da República Federativa do Brasil (art. 1°, V da CF/88), ou seja, o Direito brasileiro reconhece um amplo leque de opções políticas que merecem igual respeito e devem ser tidas como legítimas, desde que razoáveis (MARTINS, 2015).

jurídico e o político é tão evidente na prática, uma vez que se evoluiu do liberalismo em direção a um Estado social, onde os direitos não são apenas "trunfos" contra metas sociais. Do contrário, são realizados por meio de políticas públicas adequadas.

Ademais, o Estado social passa por grave crise fiscal, decorrente do aumento de demandas e promessas constitucionais (descompasso entre receitas e despesas derivadas de necessidades sociais) (MORAIS; BRUM, 2016). Nesse ambiente de escassez, os desvios éticos têm sua reprovabilidade agravada, e o "controle" jurídico das escolhas políticas (pressões do sistema jurídico sobre o político) ganha relevância. Note-se que, ao contrário do que certos administradores intuem, o ambiente de escassez, em vez de afastar o Direito em prol de uma teoria da reserva do possível a ser tutelada exclusivamente pela Política, em verdade atrai a atuação jurídica. De fato, a escassez é uma das principais razões de ser do Direito, pois onde há abundância ilimitada de bens o controle da distribuição justa e alocação ideal de recursos perde relevância.

Outras complexidades da relação entre Direito e Política podem ser relacionadas: o próprio Estado tem personalidade política e jurídica (GORDILLO, 2012); atualmente, a democracia se concretiza por um desenho institucional complexo, fazendo conviver a representação política majoritária com espaços de decisão contramajoritária; é comum que os próprios agentes políticos provoquem intervenção jurídica para solucionar seus conflitos internos; o sistema político tem capacidade de influir tanto na composição quanto na estrutura e organização dos Tribunais (MENDONÇA, 2016).

Por último, mais recentemente, com o avanço midiático, a imprensa, através da filmagem e comentários de julgamentos – como no caso brasileiro, das sessões de plenário do Supremo Tribunal Federal, a quem compete, em última análise, definir o que é (e o que não é) a Constituição – vem desempenhando progressivo papel como mediador entre as Cortes e a opinião pública, vale dizer, entre o jurídico e o político (SELIGMAN; BASILE, 2016).

É preciso, ao tratar desta dicotomia, ter plena consciência de seus limites, para não cair em maniqueísmo ou qualquer espécie de salvacionismo. Com efeito, não existe uma diferença essencial entre o 'homo juridicus' e o 'homo politicus': ambos se movem por cálculos de interesse e intuições morais (PEREIRA, 2016). Assim, não se pode (nem seria desejável) evitar os contatos entre o jurídico e o político, o que não significa que não haja (ou não *deva haver*) diferenças claras e fronteiras nítidas entre Direito e Política.

Não é crível que o Direito consiga, sozinho, solucionar os problemas democráticos. Os direitos reconhecidos nas normas, para serem eficazes, demandam certo grau de adesão política e social. Assim, a prática jurídica não pode nem deve ser dissociada de análises políticas, sociológicas e econômicas (SCHIER, 2011). O aprendizado contínuo recíproco entre Direito e Política é, pois, essencial à legitimação da práxis estatal, vez que o governo da maioria se ampara em uma "legitimidade imperfeita", que necessita ser complementada por "outros modos de legitimação democrática" (MORAIS; BRUM, 2016, p. 74).

Da mesma forma no Direito Administrativo: de um lado, o jurista deve se assegurar de que o Direito como um todo (normas, interpretações, teorias) influencie o espaço deliberativo do administrador, sem, no entanto, monopolizá-lo (SUNDFELD, 2014), pois o agigantamento desmedido do sistema jurídico, com suas ambições de controle, sobre o seu ambiente (demais sistemas) gera desequilíbrios e corruções sistêmicas, não sendo sustentável no longo prazo. Também no âmbito administrativo o conceito de legitimidade entrelaça aspectos jurídicos e políticos. Não há uma oposição entre legalidade e legitimidade, mas interseção e complementaridade. O conceito de legitimidade administrativa compreende a análise de legalidade e valoração dos resultados em relação aos objetivos estabelecidos pelo legislador.[17] À legitimidade de investidura soma-se assim a legitimidade de exercício, de cunho jurídico-político. De outro lado, deve ser evitada também a exacerbada politização do Direito Administrativo, como defeito a ser corrigido.[18]

Claro está, portanto, que os sistemas jurídico e político possuem entre si relação de complexidade não desprezível, e que na prática o esquema teórico luhmanniano, se ainda apto a descrever de modo geral e abstrato o funcionamento da sociedade contemporânea, sofre quando se passa da teoria à constatação empírica. De fato, não é difícil verificar que os sistemas jurídico e político – para ficar apenas nestes, que interessam ao presente trabalho – em dadas sociedades, possuem imperfeições e aberturas operacionais que, longe de serem apenas

---

[17] "Concetto di legittimità che comprende tanto la non devianza da specifiche norme dell'ordinamento quanto la rispondenza dei risultati dell'attività amministrativa agli obiettivi stabiliti dalla legge" (CLEMENTE, 2008, p. 16).

[18] Sunstein e Miles (2008) criticam a politização do Direito Administrativo, e demonstram que nas cortes de apelação e, em pior grau, na Suprema Corte norte-americana, as decisões dos juízes frequentemente correspondem a estereótipos ideológicos, evidenciando uma forte politização do *judicial review*. O que sinaliza no sentido de que imaturidades sistêmicas não ocorrem exclusivamente nos chamados países em desenvolvimento.

corrupções episódicas ou meras exceções à regra, infirmam mesmo seu caráter autopoiético. Neste ponto, faz-se mister apresentar o gradualismo de Günther Teubner.

Teubner acrescenta à teoria luhmanniana a possibilidade de evolução da autonomia do sistema jurídico (ROCHA, 2011). Enquanto para Luhmann a autopoiese é um conceito descritivo (ser), para Teubner é normativo (dever-ser) e gradativo (SIMIONI, 2016). Assim é que este, apesar de se referir à "dinâmica circular" do Direito, critica Luhmann por ver na autopoiese um conceito de rigidez inflexível, que se processa na base do "tudo ou nada", quando autonomia e autopoiese seriam de fato conceitos gradativos, havendo necessidade de acomodar diferentes graus de autonomia e variadas fases de desenvolvimento do sistema jurídico (TEUBNER, 1989).

Outro problema que se põe na visão do Direito como sistema autopoiético, melhor explicada por Teubner (1989), é a questão da regulação do meio, ou seja: como o Direito consegue romper sua clausura operacional para regular (controlar) outros sistemas sociais, também autopoiéticos? Necessário para tanto abandonar a ideia de causalidade linear e compreender os mecanismos de intervenção intersistêmica, que podem se dar, por exemplo, através de observações sistêmicas mútuas (o Direito observa a sociedade e cria uma norma; o sistema objeto de regulação observa a norma e faz um cálculo baseado em sua própria racionalidade), ou por articulação pela interferência. Assim, as normas e demais atos jurídicos precisam satisfazer a dupla seletividade do sistema jurídico e do sistema regulado, se pretendem ter sucesso regulatório. O sistema jurídico deve aprender o máximo sobre o subsistema social regulado, para aumentar suas chances de sucesso regulatório, o que pressupõe *maturidade* daquele.

Ainda segundo Teubner (1989), a *interferência* possibilita o contato direto recíproco entre os sistemas sociais, além da observação. A interferência funcionaria como uma "ponte" entre subsistemas sociais, que se articulam em um "mesmo e comum evento comunicativo" (p. 173).[19] Sem prejuízo da clausura operacional (TEUBNER, 1989), o contato direto é possibilitado em face da similitude da natureza dos elementos sistêmicos de ambos os sistemas (comunicação social).

---

[19] Em sentido semelhante, embora se referindo a estruturas em vez de sistemas: "Reconhecemos que em uma sociedade, seja qual for, tudo se liga e controla mutuamente: a estrutura política e social, a economia, as crenças, tanto as formas mais elementares como as mais sutis da mentalidade" (BLOCH, 2001, p. 152).

Entretanto, comunicação jurídica apenas influencia seguramente comunicação jurídica, sendo limitada sua eficiência sobre outras comunicações sociais. Daí a necessidade de auxílio de elementos extrajurídicos (persuasão ética; meios de pressão), vez que o Direito não pode prescindir de sua função de controle, sob pena de perder sua capacidade de estabilizar expectativas, com graves consequências para o seu funcionamento (TEUBNER, 1989).

Portanto, a abertura dos sistemas sociais autopoiéticos, na visão de Teubner, se dá tanto pela informação (abertura cognitiva) quanto pela interferência (articulação estrutural). Ambos, combinados, possibilitam a regulação social pelo Direito, ainda que de forma indireta e incerta. O aumento de indeterminação do Direito, decorrente da flexibilidade de seus elementos, é o preço a pagar para se ter alguma chance de sucesso regulatório sobre sistemas sociais autônomos, como a Política (TEUBNER, 1989).

Em síntese, as complexidades e corrupções sistêmicas na relação entre Direito e Política são tantas e tão frequentes que é possível questionar a validade da autopoiese desses sistemas. Parece razoável falar de níveis, graus de fechamento operacional, embora se possa discutir se é correto referir-se a estágios intermediários como autopoiéticos. De toda forma, a autopoiese luhmanniana dos subsistemas sociais, se nem sempre se verifica no plano empírico, fornece bases teóricas adequadas para a formação de critérios de legitimação, em face de seu componente normativo.

1.3 Constituição como acoplamento estrutural entre Direito e Política

As Constituições ocidentais, a partir de meados do séc. XX (pós-guerra), realizam direito político e se efetivam por meio de política constitucional, atuam na dinâmica política (BERCOVICI, 2004a). Nascem de um fato político – poder constituinte originário – e uma vez formadas, segundo entendimento corrente, procuram enquadrar juridicamente a política (BARROSO; BARCELLOS, 2005).

Uma imagem notória e simplista é a da Constituição como moldura. Nas palavras de Alexy (2015, p. 582-583):

> A metáfora da moldura pode ser, então, definida da seguinte forma: o que é obrigatório ou proibido é a moldura; o que é facultado – ou seja, nem obrigatório, nem proibido – é aquilo que se encontra no interior da

> moldura. Nesse sentido, a discricionariedade do legislador é definida por aquilo que é facultado. Essa discricionariedade é de natureza estrutural. Seria também possível falar em uma discricionariedade substancial decorrente da estrutura das normas constitucionais. O que é decisivo é que a sua extensão é determinada por aquilo que é juridicamente válido em virtude das normas constitucionais. Portanto, a discricionariedade estrutural decorre dos limites daquilo que a constituição definitivamente obriga ou proíbe.

Não é difícil perceber que a imagem de uma moldura remete inevitavelmente a uma ideia estática, estanque, da relação entre o jurídico e o político no âmbito constitucional. Entretanto, se é correto que o Constituinte deve respeitar formas variadas de vida, com imposição de limites, emoldurando assim um "espaço autorizado" (RAWLS, 2002, p. 294), a isso não se resume o contato entre Direito e Política.

A metáfora da 'Constituição-moldura' tem ligação com o chamado princípio da conformidade funcional, importado do pensamento de Konrad Hesse, com duvidosa utilidade em realidades que demandam proteção reforçada também de direitos sociais, reclamando maior dinâmica na relação entre Direito e Política (SILVA, 2005). Normalmente mais complexa do que sugere a imagem de um quadro emoldurado. Essas tensões são aumentadas em países como o Brasil, em razão do dirigismo, prolixidade e detalhismo do texto constitucional (MENDONÇA, 2016).

Ainda em linguagem metafórica, já se disse que "Direito e Política, por mais que se insista no contrário, andam de braços dados em qualquer realidade constitucional" (LIMA; ALMEIDA, 2011, p. 13), sobretudo em uma constituição dirigente, incompatível com uma neutralidade constitucional. A imagem de uma caminhada lado a lado no palco constitucional, com troca de conversas (diálogo), é bem mais apropriada a simbolizar a dinâmica entre os sistemas jurídico e político.

Na teoria dos sistemas, os acoplamentos estruturais são mecanismos de interpenetrações "concentradas e duradouras" entre sistemas sociais (NEVES, 2009, p. 37). Portanto, as relações intersistêmicas ocorrem através de tais acoplamentos. Entre o jurídico e o político, o acoplamento estrutural é a Constituição. É esta que permite a conformação Política pelo Direito e vice-versa (ROCHA; DUTRA, 2005).

Interpenetração, para Luhmann (2016), significa que há uma disponibilidade recíproca de dois sistemas para aprendizagem mútua. Possibilita, pois, a relação entre autopoiese e acoplamento estrutural. Assim, um sistema pode se autorreproduzir a partir da complexidade de outro sistema, mas com a utilização de seu próprio código binário.

Não há interseção entre os sistemas, que permanecem distintos (LUHMANN, 2016), reciprocamente influentes, com "chances de aprendizado" para ambos, sem perda de autonomia, em relação do tipo não hierarquizada, horizontal-funcional (NEVES, 2011, 2018).

Assim, a Constituição pode operar em ambos os sistemas, assumindo em cada um sentido distinto, adequado à respectiva autorreferência operacional, pois um sistema autopoiético só admite (deve admitir) como informação o que ecoa em sua própria estrutura. Isso implica seletividade: em tese, só o jurídico interessa (deve interessar) ao Direito; só o político interessa (deve interessar) à Política (RODRÍGUEZ, 2010).

De fato, a Constituição é, a um só tempo, um documento político que limita o jurídico (conforma formal e materialmente o resto do ordenamento) e um documento jurídico que limita a liberdade política (PEREIRA, 2016). Entretanto, se as palavras permitem tamanha simplificação, a prática revela complexidades, e a observação empírica muitas vezes vai desafiar a teoria.

É mesmo compreensível o constrangimento em reconhecer o caráter parcialmente político da jurisdição constitucional, vez que o Poder Judiciário retira parcela considerável de seu discurso de legitimidade justamente da separação entre Direito e Política. Entretanto, é inescondível que o poder jurídico muitas vezes também lida com a incerteza, como a decorrente de desacordo social, dúvida moral razoável, ambiguidades linguísticas, de precedentes inconciliáveis, ou de divergências de prognóstico (DAHL, 2016). Tal fenômeno é apto a borrar, em não raras ocasiões, a fronteira entre o jurídico e o político no plano constitucional.

Com efeito, o significado constitucional é, em grande medida, moldado pelos valores sociais, pois a interpretação da Constituição e a densificação dos conceitos jurídicos indeterminados acompanham esses valores, os quais são prestigiados mesmo por aqueles intérpretes que acreditam estar separando o Direito da Política, como é o caso, por exemplo, dos originalistas americanos, que, a pretexto de realizar tarefa purificadora, livrando o Direito da Política liberal e progressista em busca do sentido original da Carta, terminam por abraçar ideais conservadores. Assim, o Direito reside sobre um paradoxo: a Constituição deve limitar e fundamentar a Política e, ainda assim, permanecer democraticamente sensível, sob pena de perda de legitimidade. Mesmo que não fosse um dever, o juiz não escaparia desta realidade, pois necessariamente interpretará os textos jurídicos à luz de suas visões de mundo (políticas)

(POST; REVA, 2016). Ou seja, no âmbito constitucional, o jurídico conforma e é conformado pelo político.

Outrossim, a constitucionalização da Política se dá não apenas pelos limites que a Carta Magna apresenta ao sistema político, mas também pela incorporação espontânea da linguagem constitucional pelo discurso político. De outro lado, a dinâmica da linguagem dos direitos se realiza também no interior de processos políticos (MENDONÇA, 2016). Há que ser considerado ainda que os conceitos podem sofrer alterações na "passagem" do âmbito político para o jurídico, ou vice-versa. Segundo Karl Larenz (1997), "não se pode apreender o significado de um termo no contexto de um jogo-de-linguagem mediante a remissão para o seu significado num jogo-de-linguagem distinto" (p. 279). Daí a complexidade do trabalho de mediação constitucional entre esses diferentes âmbitos de experiência.

À luz dessas reflexões, é de se pensar que a famosa pergunta sobre quem tem a última palavra no Estado Democrático de Direito, se a Política ou a Justiça, é insatisfatória, por não refletir suficientemente a complexidade do fenômeno constitucional. A esta altura, já é possível intuir que tal pergunta não possui resposta única, pois, por exemplo, como se verá, na práxis do "controle" jurídico da Política há, e deve haver, graus variados de deferência, de intensidades.

Para o momento, cabe lembrar que a Constituição, na qualidade de acoplamento estrutural entre Direito e Política, funciona como critério de legitimação das interferências recíprocas, indicando um *dever ser*, mas que, do ponto de vista empírico (*ser*), a observação revela a ocorrência de influências mútuas fora do palco constitucional, traduzidas em corrupções sistêmicas episódicas, ou imaturidade sistêmica, a revelar fechamento operacional incompleto dos sistemas envolvidos, dando margem a desvios e particularismos. E avançar na compreensão das premissas teóricas, notadamente: sobre a possibilidade de se vislumbrar, a partir da fricção entre as racionalidades parciais, limitadas, de cada sistema, uma racionalidade transversal; acerca da natureza dinâmica das culturas, bem como do *locus* e do papel transformador das instituições.

1.4 Racionalidade transversal, instituições e dinamismo cultural

Na acepção luhmanniana, um sistema disponibiliza ao outro complexidade desordenada, pois para um sistema o outro faz parte de seu ambiente. Já Marcelo Neves aceita a existência de mecanismos estruturais que viabilizam o intercâmbio entre sistemas diversos, que representa um plus em relação aos acoplamentos estruturais, na medida em que permite a construção de uma racionalidade transversal, fruto de um diálogo entre as racionalidades limitadas de cada sistema em contato, um entrelaçamento estrutural com "partilha mútua de complexidade preordenada" (NEVES, 2009, p. 49).

Quando os sistemas não funcionam adequadamente, quando o bloqueio de eficiência decorrente de corrupções episódicas se torna generalizado, normalmente por imaturidade sistêmica, ocorre desequilíbrio, desdiferenciação e incapacidade de fechamento operativo (alopoiese), que nada mais é do que o contrário da autopoiese. Pois a racionalidade transversal também teria seu contrário, seu lado negativo, no autismo sistêmico (isolamento, fechamento cognitivo), ou na expansão imperial de um dos sistemas em contato (quando ocorre, por exemplo, exacerbada juridicização da Política ou politização da Justiça) (NEVES, 2009).

No que tange ao Direito, este surge sob exigências de "generalização congruente" que precisa ser suficientemente "dessubjetivada" para ser capaz de angariar apoio social, sobretudo quando houver desilusão em face de expectativas frustradas. A Política também precisa se dessubjetivar, para focar no interesse coletivo, libertando-se de razões familiares e outros privatismos. Para essa evolução acontecer, imprescindível o trabalho de instituições que asseguram as expectativas e protegem as estruturas sistêmicas, atenuando as desilusões e aumentando as possibilidades de consenso ou conformação (LUHMANN, 2016, p. 376-378).

Os sistemas funcionais não se comunicam diretamente com seu entorno, o Direito e a Política se irritam, selecionam trocas possíveis, mas não se comunicam no sentido restrito do termo, até porque falam "línguas" diferentes. As organizações, de outro lado, são sistemas capazes de se comunicar com seu entorno, transitando em mais de um sistema social (RODRÍGUEZ, 2010, p. 49).

Para a maioria da doutrina, segundo Rawls, "a natureza do homem é tal que adquirimos o desejo de agir de forma justa quando vivemos enquadrados por instituições justas e delas beneficiamos" (RAWLS, 1993, p. 348). A *aprendizagem moral* é um mecanismo psicológico e social bastante complexo e ocorre ao longo da vida, tanto na infância quanto na fase adulta. Assim, também na fase adulta desenvolvem-se *sentimentos morais*, como vergonha, culpa, remorso, indignação. A *visão moral* adquirida no curso da vida é repassada às crianças pelas autoridades adultas (família, escola) e outras convivências, *reforçada posteriormente, de forma mais crítica e reflexiva, por meio de grupos, instituições e estruturas sociais, entre as quais figuram as associações políticas e entes públicos.* A justiça estrutural das instituições influencia, então, profundamente os sentimentos sociais, sendo assim essencial ao que Rawls chama de uma 'sociedade bem ordenada' (RAWLS, 1993).

Há uma correlação mútua entre o privatismo nas instituições e na cultura da sociedade (FERRAJOLI, 2014). Assim, o ataque a um desses fatores tende a influir no outro. Há um aparente paradoxo que precisa ser enfrentado: não se faz reforma institucional sem antes reformar as mentes, mas também não se reforma mentes sem reformar instituições (MORIN, 2003, p. 26). Entretanto, esse impasse não justifica ceticismo, pois a história dos povos demonstra que o avanço institucional e cultural é possível, e até mesmo inevitável.

Como bem observou Norbert Elias, "A civilização da conduta, bem como a transformação da consciência humana e da composição da libido que lhe correspondem, não podem ser compreendidas sem um estudo do processo de transformação do Estado" (ELIAS, 1993, p. 19). O processo civilizador não seria resultado de um planejamento calculado, mas o conhecimento da dinâmica não planejada das estruturas sociais e individuais pode abrir espaço para algum direcionamento da mudança de mentalidades. Por meio de complexos processos, o controle externo, social, tende a se internalizar, fortalecendo o superego, convertendo-se em autocontrole. A mudança de hábitos e mentalidades tende a se consolidar por meio da indução de modelos de comportamento introjetados, produzindo, no longo prazo, uma firme transformação da "economia das paixões e afetos". Acredita-se, em última análise, que "uma mudança na estrutura das funções sociais obriga a uma mudança de conduta" (p. 232), fruto do imbricamento entre ideias, cognição, condutas, personalidade, estrutura e desenvolvimento social. De fato, as funções psicológicas não podem ser compreendidas em isolamento do ambiente e estruturas sociais, sendo característica do processo civilizador o "avanço do patamar de vergonha e repugnância", sentimentos primitivos apenas na aparência (ELIAS, 1993, p. 242).

Nesta linha de raciocínio, é equivocada qualquer postura derrotista em face de obstáculos culturais. Tais posições são muitas vezes baseadas na noção de imobilismo, que contraria a natureza das culturas.

É preciso compreender a ambivalência ou "paradoxicalidade incurável" do conceito de cultura, que abrange tanto a inovação quanto a tradição, a imobilidade[20] e a mudança (BAUMAN, 2012).

De fato, as sociedades humanas encontram-se em constante transformação, por mais estáveis que pareçam ser (FERNANDES, 2011b). Cada cultura tem crenças, normas e valores próprios, os quais estão, entretanto, em constante transformação, em resposta a interações externas e dinâmicas internas, estas alimentadas por processos de conciliação e superação das inconsistências e contradições existentes em toda e qualquer sociedade humana (HARARI, 2017).

As práticas culturais não são estáticas, e sim dinâmicas, estando submetidas a um contínuo processo evolutivo. E os Estados podem desempenhar um papel crucial nesse processo. Novas práticas estatais podem ter efeito sobre as mentalidades dos povos, influenciando na criação de novos costumes, alterando inclusive a noção do que é certo e errado, ou seja, a "linguagem do bem e do mal" (FUKUYAMA, 1992, p. 271). A diferenciação, por exemplo, entre suborno e presente é cultural, mas a cultura é dinâmica e muda constantemente. Um dos motores desta mudança pode se dar através do esclarecimento da população acerca dos custos ocultos e indiretos de determinadas práticas aceitas (ROSE-ACKERMAN, 2001).

Outrossim, a transformação sociocultural e política pode ocorrer no médio e longo prazo, através do conflito geracional. De fato, a reprodução da ordem social como um todo se dá normalmente através da socialização dos mais jovens pelos mais velhos, o que sugeriria tradição e imobilismo, não fosse o fato de que na era da hipermodernidade tecnológica, cada vez mais estes papéis se invertem (BECK, 2018), multiplicando as situações de conflito e oportunidade de mudança.

Evidente que nem sempre é simples rastrear as fases do processo de transformação cultural, identificando um encadeamento causal, vez que os fatos sociais e culturais não se submetem inteiramente à lógica linear de causa e efeito, podendo se falar, sim, em um complexo de concausas e processos de interação parcialmente indeterminados (LÉVY, 2010). A complexidade destas interações se deve em boa medida à sua circularidade e retroalimentação: os indivíduos são produto e produtores da sociedade e da cultura (MORIN, 2003, p. 4-5).

---

[20] Bauman (2012) relaciona a ideia de sistematicidade com petrificação cultural (p. 43). Entretanto, a crítica é dirigida notadamente ao modelo teórico parsoniano, e não aos sistemas autopoiéticos, cognitivamente abertos, capazes de aprender e evoluir.

Não se pretende aqui, pois, adotar uma concepção simplista de história, a qual, partindo das premissas de um presente e um passado conhecidos, bem como de fatores de evolução determinados e de uma causalidade linear, acredita poder predizer o futuro. São levadas em conta as multicausalidades do processo histórico (que não é necessariamente linear nem circular), o entrelaçamento e interdependência entre presente-passado-futuro, a contribuição do acaso, as incertezas, enfim, a complexidade da história (MORIN, 2012).

Entretanto, complexidade não implica irracionalidade, o que anima uma abordagem histórica dos problemas humanos, até porque, de toda forma, "Não nos livraremos da história" (MORIN, 2012, p. 35). De fato, a "utilidade" da história (no sentido pragmático do termo) é inquestionável, e a inserção de um dado problema no seu contexto histórico é indispensável à sua compreensão. As ciências, para merecerem tal nome, não precisam levar a certezas e leis universais rígidas, pois a ideia de 'certeza' pode ser graduada, e assim substituída pela de 'probabilidade' (BLOCH, 2001).

Outrossim, em que pesem estas dificuldades e o caráter não planejado de boa parte da evolução cultural, o planejamento (com suas limitações, claro) é possível. É lícito ao regime constitucional tomar certas disposições objetivando fomentar virtudes políticas básicas sem com isso se tornar um Estado perfeccionista ou totalitário (RAWLS, 2002).

Cabe, por fim, acrescentar que a transformação cultural se dá em velocidade diretamente proporcional à implementação de mecanismos aptos a fazer valer de fato na Administração Pública o princípio da moralidade, sem substituir o trabalho de sensibilização na formação de agentes públicos e de cidadãos (FREITAS, 2004). Daí o papel fundamental das instituições de controle, que podem atuar perante mais de um sistema (no caso, o jurídico e o político), sendo capazes de adotar uma racionalidade transversal, fomentando mudança sociocultural. Disso se extrai que o planejamento das ações pelas instituições de controle deve levar em conta aspectos jurídicos e políticos, com adoção de uma racionalidade transversal que atenda a necessidades de evolução e *amadurecimento*[21] de ambos os sistemas, propiciando um contato equilibrado entre Direito e Política, mediado pela Constituição, sem excessos ou omissões, e assim evitando tanto o distanciamento quanto

---

[21] Ao contrário do termo 'evolução', que, como se anotou, é neutro, não progressista, o conceito de amadurecimento, aqui utilizado, embute um sentido de progresso, avanço, de aproximação de um estado ideal.

o agigantamento de um deles em relação ao outro, ou seja, contribuindo para sua *progressiva* autopoiese.

Essas premissas teóricas, indispensáveis à compreensão do problema posto, se revelarão fundamentais, a seguir, para a análise do nível de maturidade sistêmica da Política e do Direito no Brasil, e, mais à frente, à adoção de estratégias adequadas de controle da transição de mandados no executivo municipal.

CAPÍTULO 2

DIREITO E POLÍTICA NO BRASIL: VISÃO PANORÂMICA

Para se entender as relações entre o Direito e a Política no Brasil, indispensável uma contextualização histórica, a começar pelo sentido de nossa colonização, exploratória, voltada para o comércio exterior, seguida pelo nascimento e desenvolvimento do Estado brasileiro, para se tentar compreender como – à falta de feudalismo e, consequentemente, de revolução burguesa – as elites acompanharam as transformações dos tempos, na colônia, império e república, sobrevivendo aos ciclos econômicos, à urbanização e aos períodos autoritários.

No âmbito municipal, esta análise evidencia que os mandos e desmandos típicos do coronelismo ainda se encontram presentes, em certa medida, mesmo nos dias atuais, embora o fenômeno se apresente em uma versão atenuada, em face dos avanços dos costumes e da legislação. No macroperíodo eleitoral, incluindo a transição de mandatos municipais, tal faceta da política local é recrudescida pela dinâmica de alijamento da oposição, sob uma cultura patrimonialista, de confusão entre o público e o privado, essencialmente corrupta.

Tais circunstâncias evidenciam o hiato existente entre as normas e a realidade constitucional, o que se pode verificar em todas as Constituições brasileiras (1824-1988), as quais alternaram nominalismo e instrumentalismo, sempre com baixíssimo índice de normatividade (efetividade), concretizadas de forma assimétrica e pessoalizada, em ambiente de imensas desigualdades sociais, com bloqueio mútuo (ausência de respeito e desperdício das chances de aprendizado) entre Direito e Política, a demonstrar a imaturidade de ambos os sistemas.

A mudança de tal estado de coisas passa pelo amadurecimento sistêmico e cultural, com fortalecimento do significado e importância dos direitos fundamentais, processo em que exercerão relevante papel as instituições.

2.1 Imaturidade política: patrimonialismo e corrupção em perspectiva histórica

Quais as raízes da cultura política brasileira? – os escândalos de corrupção veiculados incessantemente na imprensa nacional tem-nos obrigado a lidar com esta indagação, que aliás não é nova. A leitura de nossas principais referências intelectuais parece apontar para a existência de uma "brasilidade", ou seja, de um especial modo de ser e viver do brasileiro, que funcionaria como combustível do patrimonialismo (confusão entre público e privado) instalado no nosso aparato burocrático estatal, o qual, por sua vez, molda a cultura política.

Nessa linha, o brasileiro cordial, malandro, do "jeitinho", que desgosta das regras impessoais, teria uma moral flexível, e seria movido por afetos mais do que pela racionalidade. Esta ainda é a autoimagem do brasileiro. Não é difícil perceber que esse discurso interessa aos "donos do poder", pois mascara uma realidade plural, de estratificação social, dominação política e econômica. Assim, a ideologia do caráter nacional brasileiro – embora já tenha se deparado com competente crítica – ainda está longe de ser superada. Pelo contrário, parece influenciar de forma decisiva as mentalidades de nosso povo, severo em sua autocrítica fatalista, que beira o racismo cultural.

De fato, é comum ouvir de brasileiros que os (outros) brasileiros são desonestos, impontuais, mal educados etc., sobretudo se comparados a povos cujo processo civilizatório se encontra em estágio mais avançado. A corrupção seria algo inerente à personalidade do brasileiro.

As opiniões da inteligência brasileira sobre nosso caráter nacional, segundo Dante Moreira Leite, podem ser divididas em capítulos: I – fase colonial: nativismo (1500-1822); II – romantismo: imagem positiva dos brasileiros (1822-1880); III – ciências sociais: imagem pessimista do brasileiro (1880-1950); IV – superação da ideologia do caráter nacional brasileiro (a partir da década de 1950) (LEITE, 2007). Obviamente a complexidade e diversidade do objeto de análise não permite divisão exata em fases estanques nem bem delimitadas, o que, entretanto, não desqualifica o esquema geral, que serve a uma visão panorâmica mais ou menos precisa sobre as etapas por que passou o pensamento brasileiro (melhor dizendo, da elite brasileira) sobre o Brasil.

A etapa inicial acima descrita, conhecida como *colonial* ou *nativismo*, foi marcada pela idealização do nativo, consubstanciada no mito do bom selvagem, tendo recebido influxos ideológicos dos movimentos contra a escravidão dos indígenas, adentrando posteriormente no imaginário coletivo a figura do índio como ser livre e indomável, típica da primeira fase do romantismo brasileiro (ARANHA, 1998).

Mais à frente, transcorrido o período imperial, já na iminência do nascimento da república, o discurso do caráter nacional deu uma guinada, e passou a enfatizar aspectos negativos. É a fase que interessa aqui mais de perto, pois ainda não foi superada, apesar de já denunciada por parte de respeitados estudiosos. A análise da literatura brasileira, a seguir discriminada, autoriza conclusão no sentido de que as diversas motivações do atraso cultural do país – reconhecido sobretudo a partir do final do século XIX – podem ser resumidas em elenco relativamente simples: razões climáticas (determinismo ambiental), etnológicas (racismo) e, por fim, econômicas e históricas (mesmo estas, com forte tom determinista). Bastante elucidativo é fazer um passeio pelos mais consagrados intérpretes do Brasil, notadamente da fase supostamente científica (final do século XIX e primeira metade do século XX):

Entre os precursores, Sílvio Romero (1851-1914) apontou como causas de nosso atraso fatores de três espécies: naturais, étnicos e morais (LEITE, 2007). Oliveira Viana (1883-1951), por sua vez, em seu clássico *Populações meridionais do Brasil* (1920), com forte matiz racial, destacou a insolidariedade como traço de nossa organização social decorrente do insulamento do latifúndio (VIANA, 2002).

Em um segundo momento, foram abandonadas as vertentes deterministas ambientais e raciais. Assim, arrefeceram-se os inúmeros ataques que sofreram os mestiços e o "branqueamento" perdeu seu *status* de solução para os problemas nacionais. Os trópicos e seu clima quente deixaram também de ser o bode expiatório do brasileiro. O abandono da eugenia em prol de explicações históricas e culturais, entretanto, não pôs fim ao determinismo, agora decorrente de uma visão estática da história, como ciência do passado imutável, e da própria cultura.

Com efeito, a sociologia de Gilberto Freyre (1900-1987) – *Casa grande & senzala* (1933) e *Sobrados e mucambos* (1936) – conservadora e romântica, rompendo com as teses racistas, procurou uma explicação *cultural* do Brasil. Idealizou o equilíbrio atingido entre a casa grande e a senzala, que ruiu com a migração para o antagonismo entre sobrados e mucambos, resultante do processo de urbanização impulsionado nos séculos XIX e XX. Defendeu que a unidade sociológica brasileira residia na família patriarcal ou tutelar (FREYRE, 2004), mas insistiu em caracterizar psicologicamente o brasileiro, notadamente o seu "personalismo", decorrente de sua formação patriarcal, que "dificilmente desaparecerá de qualquer de nós" (p. 78). Ainda detectou traços "simpáticos" da fisionomia moral do brasileiro, como a tendência de contemporização e de harmonização, assim como a capacidade de imitação do estrangeiro. Os traços psicológicos do brasileiro se apresentaram a Freyre como continuidade da "plasticidade" do português, ou seja, seu jeito especial de transigir e se adaptar, visto como vantagem em comparação, por exemplo, com os holandeses que aqui se aventuraram (FREYRE, 2004). Apesar do tom positivo adotado por Freyre ao se referir à gente portuguesa e brasileira, as características por ele ressaltadas podem ser interpretadas facilmente como defeitos de rigor moral.

Assim é que, influenciado por Freyre, mas com acentuado tom negativo, Sérgio Buarque de Holanda (1902-1982), na obra *Raízes do Brasil* (1936), em resumo, defendeu que os brasileiros herdaram dos povos ibéricos, notadamente dos portugueses, alguns traços culturais (defeitos), como: personalismo ou cultura da personalidade; anarquia; preferência à aventura do que ao trabalho; desleixo; cordialidade; emotividade. Quanto à cordialidade, o autor, apesar de chamar de virtude, se apressou em esclarecer que possui um fundo emotivo e não se confunde com civilidade ou polidez (HOLANDA, 2014).

Nesse ambiente intelectual, havia certo consenso de que a Psicologia, sendo determinada pela Sociologia, permitiria conclusões generalizadas sobre a mentalidade dos povos. Artur Ramos de Araújo Pereira, destacado intelectual da primeira metade do século XX que se dedicou a estudos de psicanálise e psicologia social, ressaltava a existência de uma evidente aproximação entre a Psicologia e a Sociologia, dado que *o pensamento é socialmente condicionado* (PEREIRA, 1998).

Suficiente a demonstrar que a completa superação da doutrina do caráter nacional brasileiro não se deu a partir dos anos 1950, como quis Dante de Oliveira Leite, veja-se que bem mais tarde, outro destacado intérprete do Brasil, o antropólogo Roberto DaMatta (2004), no livro cujo título original era *O que faz o brasil, Brasil?* (1984), descreveu a suposta "identidade social" (p. 9) do brasileiro, ou seja, traços culturais enraizados em sua personalidade: o brasileiro é desconfiado de tudo o que vem do governo, preferindo as relações privadas; sua cultura, marcada pela pessoalidade e casuísmo, podendo ser encontrados em atitudes como o "jeitinho" (jeito de driblar a impessoalidade da lei) ou o "você sabe com quem está falando?" (p. 45-46). Acrescentou que tais marcas podem ser vistas em nossas leis, como a previsão de prisão especial, que beneficia o "doutor" (p. 47), nas relações de emprego doméstico, e até mesmo nas nossas religiosidades (catolicismo popular e outras), notadamente nas promessas, milagres e relação íntima com santos protetores.

Forçoso é, pois, admitir que *a doutrina do caráter nacional brasileiro, longe de estar sepultada*, preenche as mentalidades de nosso povo, cuja autoimagem é deveras negativa e marcada por um sentimento de inferioridade em relação aos povos ditos civilizados. O brasileiro se enxerga como um "vira-lata" (SOUZA, 2017).[22] O remédio para tais males está na História. Um passeio panorâmico por nossa história evidenciará a imaturidade do sistema político brasileiro, auxiliando a explicar as causas do inegável patrimonialismo que se instalou no Brasil, a começar pelo mundo ibérico, da colonização aos dias atuais. Antes, convém precisar o que vem a ser 'patrimonialismo'.

Embora não tenha sido o primeiro a utilizar o termo, certamente foi Max Weber quem o projetou, ao elencar seus modelos de dominação política: tradicional (inclusive patrimonial), carismática e racional (burocrática). Tais modelos puros, em teoria legítimos, são a-históricos. O que se encontra na experiência empírica são diversos graus de combinação entre essas categorias, e suas subcategorias. Assim hoje há o que pode ser chamado de "neopatrimonialismo", que é um patrimonialismo "personalizado, destradicionalizado", enfurnado no aparato burocrático, com práticas clientelistas e corruptas, e portanto ilegítimas. Trata-se em verdade de uma "burocracia patrimonializada", resultado da persistência de uma cultura patrimonial em um Estado formalmente moderno (BRUHNS, 2012, p. 62-63, 71).

Assim, quando se trata de patrimonialismo no presente trabalho, não é adotado o modelo puro weberiano de dominação política tradicionalmente legítima, mas, em um contexto contemporâneo, o de uma cultura política atrasada, personalizada, de compadrio e favoritismo, mesclada clandestinamente com a estrutura política legalizada, que atravanca o desenvolvimento à medida que impede a racionalização da burocracia estatal e a descorporificação de fato do poder político, e portanto deve ser combatida (neopatrimonialismo).

Na história brasileira, o patrimonialismo, inicialmente vinculado a tradições da metrópole e ao regime imperial, foi aumentando gradativamente sua ilegitimidade à medida que, por meio de subterfúgios e

---

[22] Para um "elogio do vira-lata" como a valorização da amizade, do bom convívio, da amabilidade e da alegria: (GIANNETTI, 2018, p. 13-39).

práticas escusas, teimou em conviver com a burocratização do Estado republicano, com ele se imiscuindo, resultando não raro em abjeto amálgama entre público e privado.

Sobre esse (neo)patrimonialismo em contexto burocrático, disse Sérgio Buarque de Holanda (2014, p. 175):

> Não era fácil aos detentores das posições públicas de responsabilidade, formados por tal ambiente [família patriarcal e desigualdade social], compreenderem a distinção fundamental entre os domínios do privado e do público. Assim, eles se caracterizam justamente pelo que separa o funcionário 'patrimonial' do puro burocrata conforme a definição de Max Weber. Para o funcionário 'patrimonial', a própria gestão política apresenta-se como assunto de seu interesse particular; as funções, os empregos e os benefícios que deles aufere relacionam-se a direitos pessoais do funcionário e não a interesses objetivos, como sucede no verdadeiro Estado burocrático, em que prevalecem a especialização das funções e o esforço para se assegurarem garantias jurídicas aos cidadãos. A escolha dos homens que irão exercer funções públicas faz-se de acordo com a confiança pessoal que mereçam os candidatos, e muito menos de acordo com as suas capacidades próprias. Falta a tudo a ordenação impessoal que caracteriza a vida no Estado burocrático. O funcionalismo patrimonial pode, com a progressiva divisão das funções e com a racionalização, adquirir traços burocráticos. Mas em sua essência ele é tanto mais diferente do burocrático, quanto mais caracterizados estejam os dois tipos.

Feitas estas distinções conceituais, a didática recomenda o retorno ao princípio. A conquista europeia da América teve início em 1492, logo após o fim da longa Reconquista da península ibérica, invadida e dominada pelos mouros séculos antes. A invasão e o esforço da Reconquista criaram uma identidade cultural para o mundo ibérico. Além do espírito de aventura, criou-se a consciência do cristão de seu valor pessoal, vinculado a um sentimento de *fidalguia*, que separou os conquistadores do Novo Mundo do trabalho manual, imposto a índios e negros (WEFFORT, 2012).

Consequência de um continuísmo histórico em relação à península ibérica, as colônias latino-americanas nasceram impregnadas de um "rude medievalismo" (WEFFORT, 2012, p. 29). Os conquistadores do Novo Mundo, bem menos virtuosos do que os lendários cavaleiros medievais franceses e ingleses, trouxeram um "personalismo de fundo senhorial" (p. 69). Personalismo que implica a valorização de certas pessoas, muitas vezes em detrimento de normas e leis (p. 70). Em face disso, a América Latina não tem historicamente um bom desempenho em duas áreas inter-relacionadas: igualdade e primado da lei. Grande parte dessa desigualdade é herdada (transmissão de propriedade de terras), e mantida por uma aplicação desigual, assimétrica, da lei e por um sistema injusto de impostos, que incide de forma desproporcional sobre os mais pobres (FUKUYAMA, 2013).

De fato, o objetivo da colonização espanhola foi desde o início extrativo, focado primordialmente na mineração da prata encontrada na Bolívia e no México, e sustentado pelo trabalho escravo indígena. Portanto, a "economia moral" das colônias espanholas na América foi bastante diversa daquela dos agricultores-proprietários na Nova Inglaterra (FUKUYAMA, 2013, p. 391). O povoamento efetivo da América Latina ocorreu em face de circunstâncias contingenciais, pois se percebeu que o empreendimento não seria viável apenas com o sistema de feitorias, utilizado por exemplo na África, sendo necessário criar bases mais amplas de povoamento para abastecer esses entrepostos comerciais. Ademais, os espanhóis encontraram logo ouro e prata no México e no Peru, o que incentivou a colonização desses territórios. A diversidade de clima da América tropical em relação à Europa funcionou como estímulo à agricultura da cana-de-açúcar, tabaco, algodão, entre outros. Esse é, pois, o escopo da colonização latino-americana: exploratório, de comércio voltado para o exterior, e é para atender a essas finalidades que a sociedade e a economia da América Latina se formarão. Ao contrário da América temperada, que a partir do século XVII serviu de Novo Mundo para famílias que fugiam dos conflitos religiosos europeus, as quais encontraram condições climáticas semelhantes às de seus países de origem, e promoveram uma colonização de povoamento, rompendo com a lógica comercial (PRADO JÚNIOR, 2011).

Outrossim, o patrimonialismo estatal espanhol teve início na década de 1560 e atingiu seu ápice no século XVII, tendo sido motivado por déficits financeiros decorrentes de infindáveis guerras travadas. Assim, após a primeira falência espanhola em 1557, foram postos à venda cargos públicos municipais e regionais, e a partir daí tal prática se instalou, estimando-se em trinta mil o total de cargos criados até 1650. Até o direito de cobrar impostos e a administração da justiça foram vendidos a particulares, assim como a terceirização das Forças Armadas, pulverizando a separação entre público e privado (FUKUYAMA, 2013).

A transferência do patrimonialismo para o Novo Mundo se deu, no final do século XVI, embora de forma relutante pela Espanha, quando o declínio de produção das minas e a crise financeira a obrigaram a vender também cargos nas colônias. Os grandes proprietários de terras, ou seja, as famílias donas das *haciendas* (origem dos latifúndios latino-americanos) passaram a adquirir poder político, substituindo o tráfico de influência já existente pela compra de cargos públicos (FUKUYAMA, 2013).

Outrossim, os países ibéricos se mantiveram relativamente distantes das forças modernizantes que influenciaram a Europa por ocasião do Renascimento, Reforma Protestante e revoluções burguesas, tendo essa circunstância se refletido de forma decisiva no processo de formação e desenvolvimento das colônias luso-hispânicas na América (WOLKMER, 2008). O influxo ideológico da revolução francesa chegou à América espanhola nas guerras da independência, as quais, entretanto, eram lideradas pela mesma elite colonial comprometida com sistema patrimonialista anterior. Assim, os movimentos revolucionários, que promoviam o ideal de separação entre público e privado, e estremeceram considerável parte da Europa, não chegaram à América Latina com a mesma intensidade. O patrimonialismo permaneceu inalterado em muitos aspectos por aqui, apesar da posterior abolição de práticas como a venda de cargos públicos e estabelecimento de instituições formalmente democráticas (FUKUYAMA, 2013).

Em terras brasileiras,[23] diga-se que inicialmente se deu uma colonização assistemática, solta, desestruturada. A presença de portugueses nesse período limitava-se a feitorias de pau-brasil e aos *caramurus*. As feitorias serviam de entreposto comercial e como base militar. Era, em suma, um "depósito sofrivelmente fortificado", onde acontecia o escambo com os índios e a estocagem do pau-brasil (RISÉRIO, 2013).

A mentalidade inicial dos portugueses era de promover, assim, uma colonização "à africana", com fortificações e feitorias no litoral, voltados para o além-mar. Entretanto, à medida que aumentaram os riscos de perda do território, resolveram adotar uma colonização baseada na conquista, ocupação e urbanização. Esta se deu primeiro na malha litorânea, o que rendeu à estratégia (de toda sorte, mais do que justificada pelas circunstâncias) o curioso nome de "caranguejismo" (RISÉRIO, 2013).

Então, como a *feitorização* sem povoamento não assegurava os domínios portugueses da cobiça estrangeira, notadamente francesa

---

[23] Até o início do século XVII os documentos oficiais portugueses referiam-se prioritariamente aos termos 'terras do Brasil' ou 'partes do Brasil', o que indica que a América portuguesa não era vista ainda pela Metrópole como uma unidade política já completamente formada (CONSENTINO, 2015, p. 551).

e espanhola,[24] surgiu a necessidade de fortalecimento do processo colonizatório com um misto de armada guarda-costas exploradora e expedição colonizadora, experiência também malograda (FAORO, 2012). Assim, as chamadas expedições guarda-costas, enviadas a partir de 1516, tinham objetivo de proteger o litoral, as feitorias e o comércio, ou seja, de preservação das terras descobertas (CONSENTINO, 2015).

Em seguida, foi adotada estratégia de povoamento semelhante à da Reconquista ibérica, baseada na distribuição de terras a nobres e capitães, acompanhadas de leis agrárias que incentivavam o cultivo da terra. Foram criadas as chamadas capitanias hereditárias. Essa política de distribuição de terras propiciou o surgimento de uma nobreza local e a formação de uma organização oligárquica de poder (WEFFORT, 2012). As capitanias hereditárias, instituídas, em 1934, pela Coroa Portuguesa, possuíam uma "dupla face", sendo concedidos ao donatário direitos territoriais e poderes jurisdicionais. Pode-se verificar já aí uma confusão ou coincidência entre poder econômico e poder político. Segundo consta, entre os treze primeiros donatários, doze eram reconhecidamente fidalgos, que tinham relação estreita com a corte portuguesa, formando-se assim um perfil social dos donatários bastante homogêneo, ligado à elite de Portugal (CONSENTINO, 2015).

A implementação do Governo-geral, a partir de 1548, apesar de seu caráter centralizador, não trouxe profunda transformação qualitativa nas relações de poder. Os governadores-gerais também eram fidalgos e possuíam *status* de Ministro. Era sintomático o uso da expressão "amigo" utilizada quando os reis escreviam aos governadores-gerais. Havia uma confusão entre relações institucionais e de amizade ou parentesco. As ligações políticas se davam nesse contexto. Entre os privilégios régios (*regalias*) transferidos aos governadores-gerais, estava o de sagrar cavaleiro, ou seja, conferir título de distinção e nobreza (CONSENTINO, 2015).

Francisco Weffort nos ensina que no Brasil-colônia "as funções de comando na sociedade se organizavam como extensões de redes de parentesco" (WEFFORT, 2012, p. 194). Em seguida, demonstra que entre os primeiros donatários e governadores-gerais figuravam pessoas de famílias nobres de Portugal. E nos brinda com quantidade bastante convincente de exemplos do predomínio político e econômico de algumas

[24] Curioso que, diferentemente dos demais países latino-americanos, no Brasil os conquistadores são chamados de "descobridores". Esse termo suaviza o que, em verdade, foi uma conquista não pacífica, em que os portugueses tiveram que combater índios, além de corsários franceses, ingleses e holandeses (WEFFORT, 2012, p. 15-17).

famílias como os "Sousa", os "Sá", os "Coelho" e os "Albuquerque", tudo a demonstrar uma confusão entre o público e o privado no Novo Mundo (WEFFORT, 2012).

No mais, os conquistadores portugueses foram motivados por sonhos de riqueza, inflacionados por lendas e mitos que trouxeram da Europa ou originados pelas narrativas imprecisas dos índios e aventureiros sobre o interior. Foi a cobiça que propiciou as entradas e bandeiras que possibilitaram ao Brasil suas atuais dimensões. A política de Portugal para o Brasil era puramente extrativista, e tinha como meta maior encontrar ouro. O povoamento da terra era simplesmente um meio para um fim. A obsessão pelo ouro somente foi recompensada cerca dois séculos após, com a descoberta das Minas Gerais (WEFFORT, 2012). O desbravamento do interior foi mesmo intensificado com a mineração decorrente da descoberta de ouro (e diamantes) em Minas Gerais, Mato Grosso, Goiás e Bahia (RISÉRIO, 2013).

Então, de um modo geral, o Brasil-colônia era voltado ao exterior, e isso o definiu. Ninguém sintetizou melhor essa circunstância do que Caio Prado Júnior, ao se referir ao "sentido da colonização". Segundo este, para a compreensão do Brasil contemporâneo é indispensável o estudo de sua história, afinal, todo povo evolui em certa direção, que pode ser mais bem apreendida se o historiador se afastar um pouco dos confusos detalhes fáticos e mirar o conjunto de acontecimentos essenciais compreendidos em longos períodos de tempo (PRADO JÚNIOR, 2011).

Com efeito, a colonização portuguesa no continente americano não foi um fato isolado, e sim um capítulo da expansão marítima europeia originada por empresas comerciais, que promoveu o deslocamento de poder dos territórios centrais da Europa – os quais se beneficiavam da primazia do comércio terrestre – para aqueles costeiros, notadamente: Portugal, Espanha, Inglaterra, França e Holanda. Assim, os europeus cruzaram os oceanos com mentalidade e objetivos de traficantes, sendo a América, no início, não muito mais do que um obstáculo para o Pacífico. O sentido da colonização brasileira é, pois, o de uma colônia destinada a suprir o comércio europeu de gêneros agrícolas tropicais e minerais valiosos. Sua economia funcionava em torno deste objetivo, e tudo o mais que há nela serve apenas como anteparo para este escopo maior (PRADO JÚNIOR, 2011).

É comum a confusão entre feudalismo e regime senhorial. Entretanto, enquanto aquele corresponde a uma rede de vínculos de dependência de uma aristocracia guerreira, este é um tipo de sujeição camponesa que durou muito mais tempo e foi mais difundido (BLOCH, 2001).

Assim, não se pode equiparar o regime senhorial instituído no Novo Mundo com o feudalismo europeu, embora haja algumas aparentes semelhanças, sobretudo na paisagem rural. *No Brasil*, como já se afirmou, *a produção das grandes fazendas era voltada principalmente para o mercado externo, o que por si só constitui relevante distinção dos feudos medievais.*

O estudo da condição política e econômica das sociedades latino-americanas deve levar em conta, então, que a conquista e colonização do Novo Mundo é um capítulo da expansão capitalista da Europa Ocidental, o que, no caso do Brasil, formou uma economia de exportação. Apesar de se aproveitarem de relações semifeudais, as fazendas brasileiras – ao contrário do feudalismo vigorante no medievo europeu – eram voltadas para o mercado externo (FAUSTO, 1997). Esse traço distintivo possibilitou o fortalecimento de elites regionais fundadas na monocultura e no latifúndio.

Não bastasse, a principal característica da sociedade brasileira no período colonial era a escravidão,[25] com sua ampla influência material e moral (PRADO JÚNIOR, 2011). A rigor, em que pese poder a feudalidade ser reconhecida como um tipo social, e não apenas como um evento único europeu, o escravismo por si só é capaz de espancar a tese do feudalismo no Brasil, vez que, como se sabe, a sociedade feudal é "de servos, não de escravos", não sendo o caso brasileiro sequer do que Marc Bloch chamou de "feudalidades exóticas" (BLOCH, 2016, p. 394-396).[26]

Em resumo, *a tese do feudalismo brasileiro* é *equivocada*, pelas seguintes razões: instalou-se no Brasil em realidade uma economia mercantilista exportadora, voltada para interesses comerciais da Metrópole; sob controle real; com economia baseada não na vassalagem, mas no trabalho escravo; e mesmo Portugal não conhecera o feudalismo (FAORO, 2012).

---

25 Para Jessé Souza, desenvolveu-se no Brasil uma escravidão *sui generis*, fruto do amálgama entre as culturas portuguesa e moura, particularmente entre a escravidão semi-industrial americana (*plantations*) e a escravidão muçulmana (familiar e sexual), que seria a semente de nossa cultura. Essa constatação, para o mesmo, excluiria a noção de continuísmo cultural entre portugueses e brasileiros (SOUZA, 2017). Entretanto, pretender uma ruptura entre a Ibéria e o Brasil, ou seja, a busca de um 'marco zero' é tão insustentável quanto o extremo oposto, ou seja, a atribuição da causa de todas as nossas mazelas a uma indefinível herança ibérica. Se é fato que o Brasil herdou cultura – e instituições – de Portugal, também é fato que suas condições peculiares moldaram em certa medida essas instituições. Talvez essa busca pela causa primeira e única de nossa situação seja infrutífera. Mais crível é que várias concausas se entrelacem para explicar o atual estágio civilizatório brasileiro.

26 Bloch reconhece, por exemplo, que o Japão atravessou uma fase feudal, embora com "inevitáveis e profundas diferenças da europeia". (*Op. cit.*, p. 400)

No mais, é de se concluir que no Brasil-colônia instalaram-se as bases de um *enraizado patrimonialismo*, caracterizado pela confusão entre público e privado, e *predomínio das relações privadas*,[27] *com tendência* à *concentração, nas mesmas mãos, do poder político e econômico*. Panorama este, como se verá, que não se altera substancialmente com a proclamação da independência.

De fato, as condições objetivas favoráveis à escravidão e predomínio dos senhores rurais possibilitaram a *manutenção, após a independência (1822), da estrutura social colonial*, ficando o *povo excluído* da política nacional (LIMA, 1998). No império, a população era alheia à ideia de direitos políticos e deveres cívicos (AMADO, 1998).

Note-se que o Estado brasileiro possui um vício de origem: não nasceu de uma sociedade politicamente organizada, e sim da transferência de soberania da Metrópole para a colônia. Essa ausência popular é uma das causas primordiais do divórcio entre Estado e povo que se instalou no Brasil (WOLKMER, 2008). Portanto, o Brasil-império, embora centralizado politicamente na pessoa do Imperador, era um Estado aristocrático. O Brasil, que nasceu como uma nação de senhores e escravos, no instante da independência era governado por uma elite, cujos integrantes foram os articuladores ("criadores") da nacionalidade brasileira (ARANHA, 1998).

Houve, então, uma *união entre os interesses do império e os da velha elite* que se desenvolvera no Brasil-colônia. Exemplo característico deste casamento foi a criação da Guarda Nacional, consagrando autoridade militar a tradicionais detentores do poder econômico. O fazendeiro ganhou *status* de coronel, encarnando assim uma autoridade patriarcal no campo, ao tempo em que se desenvolvia uma fidalguia urbana, permanecendo intacto o poder oligárquico. Foram distribuídos títulos nobiliárquicos inventados ao acaso, fugindo das regras medievais vigentes na Europa. Fizeram-se do lado de cá do Atlântico duques, barões, marqueses. Obviamente, os agraciados com esses títulos tinham

[27] Sobre esse privatismo, Capistrano de Abreu, comentando sobre o cenário econômico e social brasileiro do século XVII, ressaltou que apesar de os engenhos serem grandes empreendimentos e representavam uma economia autossuficiente, o seu produto era diretamente remetido ao além-mar, prevalecendo uma dupla face da vida econômica: transações internacionais centradas na moeda e transações internas baseadas ainda nas permutas ou empréstimos de gêneros. A falta de capitais e a incipiência do comércio interno restringiam a vida pública (ABREU, 1998). Desenvolveu-se no período colonial, portanto, uma sociedade caracterizada pela hipertrofia da vida privada e concentração de poder nas mãos de grandes proprietários de terra.

que ter condições financeiras de ter uma vida compatível com sua dignidade (BITTENCOURT, 1998).

Outrossim, o período imperial foi marcado por forte relação entre o atrofiamento do comércio e o estreitamento da economia (pela escravidão), de um lado, e o funcionalismo público, de outro. Na segunda metade do século XIX, o funcionalismo era o lugar dos homens cultos e com ambição política, mas também dos descendentes das famílias tradicionais, proprietárias de terras e de escravos. Todos batiam às portas do Estado, quer pela via do emprego público, quer através de contratos e obras públicas. A economia, e até mesmo as profissões liberais, como engenharia, advocacia e medicina, dependia em larga medida do erário público (ARAÚJO, 1998). A estrutura política do império, por sua vez, poderia ser resumida na frase: nada mais parecido com um conservador do que um liberal (VIANNA, 2004), em referência aos partidos que se alternavam no poder. Esses partidos eram formados por divergências dentro da mesma classe dominante (LIMA, 1998).

No final do século XIX, a relação entre senhores e escravos e o pacto de cumplicidade entre monarquia e escravidão – que sustentaram a estabilidade do trono enquanto durou (AMADO, 1998) – ruíram. As mentalidades e a estrutura social do Brasil-colônia e do Brasil-império eram de tal modo escravistas que com a abolição da escravatura, em 1888, não tardou a proclamação da república (1889) (WEFFORT, 2012). A repressão ao tráfico de escravos, já em meados daquele século, sob pressão inglesa, minou as bases da monarquia (AMADO, 1998).

A república foi precedida de longo desgaste do regime imperial (AMADO, 1998). A insatisfação dos militares, por exemplo, durou quase todo o Segundo Reinado, com breve hiato durante a Guerra do Paraguai (FAORO, 2012).[28] A essas demandas antigas somou-se um fator apenas aparentemente estranho: o *apoio do setor fazendário cafeeiro*, atraído sobretudo pelas promessas federalistas, aptas a aproximar as decisões econômicas e políticas, *fortalecendo o poderio local* (FAORO, 2012).

Cumpre ainda anotar que nos estertores do império (1881) a Lei Saraiva retirou dos analfabetos o direito de voto, baseada em uma elitista "teoria da eliminação política", como vituperou José Bonifácio, o Moço, em eloquente discurso, no qual ressaltou a gravidade da exclusão em

---

[28] Segundo Risério, "a Guerra do Paraguai [1864-1870] deu o impulso que faltava às forças sociais que liquidaram o escravismo". Houve, nesse período, uma reconfiguração do Brasil, com forte impulso da urbanização e um deslocamento do eixo econômico para São Paulo, que passa a "capital do café" (2013, p. 184).

face do enorme déficit educacional do povo brasileiro (ANDRADA E SILVA, 1998, p. 406).[29]

A república brasileira foi o estopim repentino e imprevisível de crises imperiais, criada por pequeno número de participantes (ausência de participação popular), podendo ser definida sem exagero como uma "quartelada no Rio de Janeiro", que depôs um monarca longevo, gerando perplexidade na imprensa estrangeira. Na chamada República Velha (até 1930), prevaleceram o coronelismo e o poder político das oligarquias estaduais (MENDONÇA, 2008).

Com efeito, as bases sobre as quais se sustentou o regime político implantado na Primeira República, ou República Velha, foram: coronelismo e "Política dos Governadores". Sem o voto secreto, os coronéis controlavam os eleitores em sua zona de influência ("curral"), obtendo votos para seu candidato ("voto de cabresto") em troca de benefícios e privilégios. Os expedientes de manipulação eleitoral abrangiam também a "fraude do bico-de-pena: nomes eram inventados, mortos ressuscitados, ausentes votavam. Os mesários faziam verdadeiros milagres [...]" (BERCOVICI, 2004b, p. 37-38). Os coronéis apoiavam o poder político estadual, que, por sua vez, oferecia apoio ao Governo Federal. As forças estaduais e locais, em contrapartida, recebiam apoio do poder central. Assim, mantinha-se uma linha de lealdades que tendia a alijar a oposição do processo político.[30]

Tal ambiente imprimia suas marcas: a estrutura política não apenas restringe, mas frequentemente molda o comportamento (ação) individual, contaminando a cultura e a moral. Assim, o coronelismo da Primeira República produziu efeitos no comportamento individual, consistente no uso do voto como "posse" para uma barganha política (BOTELHO, 2012). Isso, por sua vez, teve consequências politicamente

---

[29] Ao contrário do que se poderia supor, o advento da república não corrigiu a exclusão política dos analfabetos, que só recuperaram seu direito de votar (voto facultativo) em 1985 (Emenda Constitucional nº 25), conquista que foi preservada pela Constituição Federal de 1988, ficando mantida, em contraponto, a inelegibilidade daqueles.

[30] Nesse sentido, também, as lições de Victor Nunes Leal, para quem o pacto coronelista consistia em sistema de reciprocidade: de um lado, no apoio dos coronéis e chefes políticos locais aos candidatos do governo estadual e federal, e de outro, o apoio (erário, empregos, favores) e a "vista grossa" que se fazia aos desmandos na Administração dos municípios, extremamente corrupta, que atraía os agregados para a coisa pública (filhotismo) e perseguia os opositores (mandonismo), e geravam desperdício de dinheiro público nas refregas eleitorais, causando completa desorganização dos serviços públicos locais (LEAL, 2012, p. 43-71). Sobre o alijamento da oposição através do autoritarismo político, vale como exemplo o tratamento dado a grevistas em São Paulo, na década de 1910, movimentos que foram considerados 'questão de polícia' (FERNANDES, 2011a, p. 427).

deletérias. O sistema, assim, se retroalimenta, sendo certamente essa uma das principais causas de sua persistência.

No mais, a desigualdade continuou a permear os tratamentos pessoais: a República Velha não logrou êxito em extinguir os títulos de nobreza, que não reconhecia oficialmente, mas respeitava. Tal assertiva pode ser ilustrada com estória pitoresca: o Barão do Rio Branco, em pleno período republicano, teria deixado de publicar seus relatórios de Ministro das Relações Exteriores desde que uma vez lhe substituíram o nome por J. da Silva Paranhos Junior. Assim, "Morreu Barão" (BITTENCOURT, 1998, p. 490).

Claro está, pois, que o nascimento da república brasileira privilegiou interesses regionais, em detrimento de um projeto nacional, o que se refletiu na Constituição de 1891, de cunho marcadamente federativo (como se verá), bem como na formação de partidos estaduais (FAUSTO, 1997). Segundo Darcy Ribeiro (2015, p. 165),

> Não é por acaso, pois, que o Brasil passa de colônia a nação independente e de monarquia a república, sem que a ordem fazendeira seja afetada e sem que o povo perceba. Todas as nossas instituições políticas constituem superafetações de um poder efetivo que se mantém intocado: o poderio do patronato fazendeiro.

Portanto, em que pese à república ter nascido parcialmente influenciada pelas ideologias do liberalismo e do positivismo, e ter tido apoio de uma nova comunidade, composta por militares, engenheiros e médicos, em oposição à "pedantocracia" dos bacharéis, comprometidos com o império, as mudanças imaginadas não se instalaram de fato (FAORO, 1993). Havia na chamada Primeira República, de um modo geral, uma complementaridade – e não oposição – entre os interesses das elites agrárias e industriais (FAUSTO, 1997), em uma espécie de "liberalismo oligárquico".[31]

Assim, o que ocorreu nas décadas de 1920 e de 1930, não foi o fim do poder da velha aristocracia, mas apenas o fim do seu monopólio de poder, que passou a conjugar-se com o das elites burguesas, em um processo de "consolidação" de interesses convergentes, que logrou alterar a própria mentalidade burguesa, acrescentando um toque de

---

[31] Expresso na "coexistência de uma Constituição liberal com práticas políticas oligárquicas" (RESENDE, 2018, p. 81).

conservadorismo e autoritarismo político aos ideais de livre comércio (FERNANDES, 2011a).[32]

A chamada 'Revolução de 30', embora ligada ao tenentismo e a reivindicações de setores médios e burgueses da sociedade, resultou em boa medida de interesses tradicionais: insatisfação dos demais estados e regiões contra o domínio do poder central por São Paulo e Minas Gerais (IANNI, 1992). Assim, diferente do que pode parecer, a 'revolução' não implicou a subida ao poder da burguesia industrial e da classe média (FAUSTO, 1997).[33]

Em verdade, criou-se uma espécie de "Estado de compromisso", garantido pelo Exército, como um "liame unificador das várias frações da classe dominante" (FAUSTO, 1997, p. 138). A maior centralização daí decorrente não significou o fim das oligarquias, mas apenas a subordinação da mesma ao poder central. A respeito do tema, Boris Fausto conclui: "o novo governo representa mais uma transação no interior das classes dominantes, tão bem expressa na intocabilidade sagrada das relações sociais no campo" (p. 150).

A rigor, os anos 1930-1945 (Era Vargas) não significaram mais do que um *compromisso inter-elites*, uma tentativa de acelerar a industrialização do país e modernizar as estruturas burocráticas de Estado. Se de um lado houve avanços, de outro é correto o pensamento da Prof. Lírida Mendonça: "Não se há de negar que houve uma reprodução do passado nos aspectos do latifúndio, da miséria, da dependência, do autoritarismo e da exclusão", restando preservadas as estruturas arcaicas que se pretendiam superar (MENDONÇA, 2008, p. 52-53), as quais se fundiram com estruturas novas (FERNANDES, 2011a).

O getulismo, apesar do discurso modernizador, também foi marcado pelo patrimonialismo, em face da utilização da Administração Pública como meio de barganha política (PESSOA, 2009). Persistiram estruturas econômicas, sociais e políticas coloniais e neocoloniais, coexistindo com estruturas criadas pelo desenvolvimento capitalista urbano-industrial (FERNANDES, 2011b).

A dominação das elites se aprofundou no Brasil, na década de 1930 e no Estado Novo, em um contexto de capitalismo dependente.

---

[32] Para o autor, enquanto a dominação senhorial era relativamente monolítica e sem maiores pressões, a dominação burguesa é fruto de uma composição de poderes heterogênea (*Op. cit.*, p. 444).

[33] De toda forma, devem ser considerados integrantes das classes dominantes, também, os setores intermédios, que têm elevado grau de afinidade com as elites, querem por parentesco mesmo, ou por questões de interesses, lealdades e mentalidade (FERNANDES, 2011a).

Esta dominação não se deu aqui nos moldes franceses – de caráter nacional e burocrático – mas por meio de alianças externas e internas com setores conservadores, mediante intervenção estatal na economia, em uma democracia restritiva (FERNANDES, 2011a).

Assim, as mudanças sociais que ocorreram no período pós-colonial se deram em prol dos privilegiados, não tendo havido nesse sentido uma ruptura, oposição, e sim continuidade e adaptação, mantendo-se o eixo exportador da grande lavoura, a qual também se beneficiaria da expansão do mercado interno, e o crescente engajamento ao capitalismo, o que permitiu uma articulação entre interesses senhoriais e de setores urbanos comerciais e industriais. Como os interesses e a consciência da velha e da nova oligarquia coincidiam com os dos setores ascendentes (FERNANDES, 2011b), a oligarquia agrária não perdeu sua base de poder: enfrentou a transição urbana e industrial, modernizando-se quando necessário e aproveitando as novas oportunidades na medida do possível (FERNANDES, 2011a).

Essas transformações, claro, não se deram sem alguma "circulação das elites" (mobilidade vertical) entre os setores altos e médios, mas sempre com o alijamento das camadas mais baixas. Houve também mobilidade horizontal: o processo de adaptação dos senhores de terra à modernização social implicou um paulatino deslocamento de sua atuação política do campo para a cidade (FERNANDES, 2011b).

Entretanto, o processo de mudanças foi sempre controlado, limitado, vez que se confundem os interesses da nação e os de uma minoria privilegiada, sempre em busca da compatibilização da nova ordem com privilégios herdados do período colonial. O *Estado, nesse contexto, passa a ser verdadeira zona de conciliação entre os interesses das elites e classes dirigentes*, abrangendo as oligarquias e setores novos, industriais e de classe média (FERNANDES, 2011b).

Uma tentativa de reforma administrativa modernizadora se deu com a criação do Departamento Administrativo do Serviço Público (DASP), em 1938, o qual não conseguiu se manter como órgão puramente técnico, tendo sido contaminado pela política, razão pela qual caiu em desprestígio, não conseguindo atingir os seus maiores intentos. Segundo Lírida Mendonça, "O patrimonialismo mantinha ainda sua força no quadro político brasileiro, enquanto a sua expressão local, o coronelismo, dava lugar ao fisiologismo e ao clientelismo, que continuavam a persistir na Administração Pública do Estado brasileiro" (MENDONÇA, 2008, p. 54-56).

Tendo em vista a proximidade entre forças políticas e econômicas, o Estado, na tradição brasileira, exerce o papel de condutor da economia. Podem-se encontrar traços de um capitalismo de Estado, politicamente orientado, ou seja, de um Estado como organizador social, tanto em Vargas quanto, após a redemocratização (1946), em Juscelino. O nacional-desenvolvimentismo, a pretexto de representar os interesses do povo, em grande medida traduziu interesses elitistas (VIANNA, 2004).

Outro ponto importante: em que pese os regimes latino-americanos não possuírem em sua história continuidade democrática, as ditaduras da região – com exceção de Cuba – nunca conseguiram ser fortes a ponto de criar um estado totalitário, em sentido estrito. Assim, nunca houve um abalo significativo nas estruturas de poder econômico. As elites se adaptaram aos períodos ditatoriais, muitas vezes beneficiando-se da corrupção nesses governos (FUKUYAMA, 2013). O golpe militar de 1964 pode ser em parte explicado pelas reações adversas das elites e de parte considerável da classe média com os avanços do populismo (BERCOVICI, 2004b). Foi uma reação conservadora apoiada por setores nada desprezíveis da sociedade civil, com o escopo de manutenção do *status quo*. Daí ser impróprio se referir ao episódio como uma "revolução".

De fato, o golpe de 64 foi influenciado por questões estaduais e regionais, uma vez que refletiu também preocupações com o protagonismo de Miguel Arraes (Pernambuco) e Leonel Brizola (Rio Grande do Sul), tanto que se organizou notadamente em São Paulo e Rio de Janeiro, com apoio dos governadores Adhemar de Barros e Carlos Lacerda (IANNI, 1992).

Durante o período ditatorial, o Decreto-Lei nº 200/67 representou mais uma tentativa de reforma gerencial da Administração Pública, que também não foi capaz de extirpar o patrimonialismo do Estado brasileiro (MENDONÇA, 2008), o que demonstra que mudanças políticas e socioculturais são processos complexos que não se satisfazem com alterações legislativas. Pelo contrário, o período resultou em grande proliferação de entidades da administração indireta, de forma desordenada, desarticulada, sem ganhos de performance e com insuficiência de controles, a insuflar o gigantismo do Estado e de seu endividamento. Ainda no período militar iniciou-se alguma reversão desse processo, a exemplo do Programa Nacional de Desestatização (Decreto nº 86.215/81) (VALLE, 2010).

Em 1985, nova redemocratização. Luís Roberto Barroso, em visão marcadamente otimista (embora sem a certeza de um final feliz), vislumbrou na Constituição de 1988 um marco-zero, um recomeço, um ingresso tardio do povo na política brasileira, ao lado da aristocracia e da burguesia. Assim, o autor enxergou relevantes mudanças recentes no panorama político nacional, com os poderes das elites atenuados por fatores como maior maturidade institucional, organização social, liberdade de imprensa, acompanhados de uma nova atitude e mentalidade das Forças Armadas (BARROSO; BARCELLOS, 2005).

Entretanto, um diagnóstico mais realista aponta para o fato de que, dada a fragmentação entre os mais diversos interesses, inclusive patrimonialistas e corporativistas, e a desconfiança mútua entre seus múltiplos atores, o pacto constitucional só foi possível na medida em que entrincheirou privilégios e prerrogativas, em uma estratégia maximizadora que resultou em uma Constituição "ambiciosa, ubíqua e detalhista" (VIEIRA, 2018, p. 24-25). No âmbito administrativo, a ausência de consenso acerca de um modelo de Administração Pública gerou paradoxos no texto constitucional, que tentou sem sucesso equilibrar participação popular com tecnocracia (VALLE, 2010). No mais, o malogro das Diretas Já e a morte de Tancredo Neves, com consequente posse na Presidência da República de José Sarney, ex-presidente da Arena e um dos principais pilares do regime militar, não foi o que se pode chamar de um bom começo (VIEIRA, 2018).

Portanto, apesar dos inegáveis avanços, um vislumbre na história do Brasil permite concluir que a cultura política e as elites tradicionais deram provas de incrível resiliência, modificando-se com o tempo, adquirindo novas roupagens, sem perder, entretanto, a essência e o poder de mando (WOLKMER, 2008), evidenciando o caráter restrito das mudanças de 1889, 1930 e 1985 (IANNI, 1992).

Após a redemocratização de 1985, tivemos no governo federal sucessivos escândalos de corrupção, apesar dos avanços na austeridade fiscal.[34] Quando a esquerda assumiu o poder, em 2003, reforçou-se o patrimonialismo, notadamente com o aparelhamento político do Estado e o aperfeiçoamento de um modelo de presidencialismo de coalizão, com infaustas consequências éticas (MATIAS-PEREIRA, 2016).

Assim, desde o período colonial, o público e o privado se entrelaçam através de uma "teia de controles, concessões e vínculos", que gera interdependência entre poder político e econômico, com todas as distorções decorrentes (FAORO, 2012, p. 201). Nesse ambiente, a

---

[34] Avanços decorrentes, inclusive, de nova onda de reformas administrativas, constitucionais (*v.g.* EC nº 19/98) e legislativas pós-Constituição de 1988, com melhoramentos sobre o gerenciamento da coisa pública: planejamento, transparência e controle.

ambição do rico, detentor do poderio econômico, passa a ser também o poder político, que lhe confere respeito e fidalguia (FAORO, 2012). Esse desenho manteve-se relativamente inalterado ao longo da história do Brasil. O patrimonialismo acompanhou a república, em todas as suas fases, mesmo após a Revolução de 30: Primeira Era Vargas (autoritarismo político – 1930-45); populismo (1945-60); crise do populismo (1960-64); autoritarismo burocrático militar (1964-73); transição (1974-84), redemocratização (1985-) (MATIAS-PEREIRA, 2016).

No Brasil, nunca se operou uma revolução verdadeira, e as que assim foram chamadas (Independência, 1930, 1964) foram de fato movimentos políticos cuja finalidade era evitá-la, segundo a lógica do "conservar-mudando" (VIANNA, 2004, p. 43). Houve, segundo Luiz Werneck Vianna, uma revolução longa passiva, ou seja, revolução sem revolução: com a independência, a base econômica foi apenas atualizada; as ideias liberais foram sempre domesticadas; a abolição e a transição para o trabalho livre se deu sem maior ruptura; a república foi mais um movimento restaurador do setor agrário, adaptado às novas realidades; com o movimento de 1930 (e posteriores), as elites novamente se adaptam, mantendo sua base agrária, mas se urbanizam e industrializam (VIANNA, 2004).

Existe no Brasil uma tradição de ingerência do Estado na economia, um "capitalismo politicamente orientado" (FAORO, 1993, p. 17). Por exemplo, o café, no seu auge, dependia das valorizações, do câmbio controlado e do sistema fiscal protetor. Na lição de Raymundo Faoro: "Tire-se do capitalismo brasileiro o Estado e pouco sobrará" (p. 26). Tal lógica tem reflexo nos demais entes federativos. Não é difícil perceber a centralidade do papel do governo municipal na economia dos pequenos municípios, como o maior empregador, contratador e consumidor.

Por fim, perceba-se que a origem e desenvolvimento do federalismo brasileiro, marcada por uma aliança entre as oligarquias locais e os poderes estadual e federal, com troca de favores e alijamento da oposição, produz reflexos na dinâmica política brasileira até os dias de hoje, notadamente no período macroeleitoral, incluindo a transição de mandatos municipais, em que costumam prevalecer o mandonismo e a anarquia administrativa, sinais da imaturidade de nosso sistema político.

2.2 Imaturidade jurídica: constitucionalismo simbólico e concretização assimétrica

Instalou-se no mundo jurídico um idealismo constitucional, um neoconstitucionalismo normativista, que procura desconsiderar história e política. Tal panorama recrudesce a urgência de um "pensar organicamente", levando-se em conta a realidade como um todo (LIMA; ALMEIDA, 2011, p. 14). Afinal, a realidade é multidimensional, sendo necessário um pensamento que ligue as coisas (MORIN, 2003).

Nesta linha, Karl Loewenstein apresentou classificação "ontológica" das Constituições, pelo critério de concordância das suas normas à realidade do processo de poder, em três tipos: constituição normativa (adaptação do processo político às normas constitucionais), nominal (baixa integração entre as normas constitucionais e a dinâmica da vida Política) e semântica (reflete a estrutura de poder; em vez de limitar, estabiliza e eterniza o domínio de fato dos detentores do poder). O nominalismo constitucional teria seu *habitat* em ordens política (e juridicamente) imaturas (LOEWENSTEIN, 1976).[35]

Após advertir que tais tipos são ideais, e que na experiência serão encontrados variados graus de normatividade, nominalismo e instrumentalismo constitucional, a exigir, para fins classificatórios, um juízo de preponderância, Marcelo Neves acrescenta que a Constituição normativa é aquela que realiza uma efetiva e generalizada filtragem da influência política sobre o sistema jurídico. Em seguida, identifica o nominalismo constitucional de Loewenstein com o que chama de *constitucionalização simbólica*, em que há uma "discrepância radical" entre as normas constitucionais e a práxis política, ou seja, aquela cuja concretização é bloqueada pela política, o que impede a autonomia e o fechamento operacional do sistema jurídico. O documento constitucional, nesse ambiente, exerce evidente função ideológica (NEVES, 2011).[36]

Nessa esteira, a legislação simbólica (em sentido amplo) tem por objetivo: confirmação de certos valores; demonstrar suposta capacidade de (re)ação do Estado (legislação-álibi); adiar a solução de compromissos (compromissos dilatórios). Em todos os casos, a preocupação com a eficácia da lei fica em segundo plano. Assim, ela é normativamente ineficaz, ou seja, a relação condicional "se-então" prevista na norma não se concretiza com regularidade satisfatória, havendo um abismo entre a linguagem e a realidade constitucional, prejudicando a "generalização de expectativas normativas" (NEVES, 2011, p. 53).

De fato, em muitos países a Constituição tem um sentido quase apenas simbólico. Nesses casos, a Constituição não modifica situações

---

[35] O autor cita como exemplo de imaturidade Política as sociedades ibero-americanas.

[36] O autor critica Loewenstein por não se aperceber da função simbólico-ideológica das Constituições nominais, atribuindo-as função educativa. Em relação às Constituições ditas semânticas, prefere o termo "Constituições instrumentalistas".

nem permite a autorreferência dos sistemas jurídico e político. O Direito não é resguardado de fato de influências políticas diretas e invasivas, nem a Política é regulada adequadamente pelo Direito. Em suma: os sistemas não são operacionalmente fechados (RODRÍGUEZ, 2010). Ao código lícito-ilícito sobrepõem-se outros, pertencentes à Política (códigos de poder) ou à economia (ter-não ter), que representam obstruções a uma saudável concretização constitucional, traduzindo-se em aguda diferenciação entre os comandos da Carta Magna e as práticas de poder (NEVES, 2011).

Assim, observa-se que o modelo luhmanniano de Direito moderno como sistema autopoiético é idealista, mas "em uma perspectiva empírica, suscetível de restrições", prevalecendo a determinação alopoiética do Direito e insuficiente diferenciação funcional do sistema jurídico (NEVES, 2011, p. 140). No caso brasileiro, essa constatação é patente. Uma visão panorâmica da história constitucional brasileira pode auxiliar a compreensão. Do início:

Formou-se em 1823 uma Assembleia Nacional Constituinte, que terminou por ser desconstituída. Em 1824, D. Pedro I outorgou a primeira Constituição brasileira, que, sob uma fachada liberal, ocultava um conteúdo conservador (MENDONÇA, 2008). Já na abertura da Constituinte de 1823, Dom Pedro discursa, prometendo guardar a Constituição "se fosse digna do Brasil e dele" (FAORO, 2012, p. 325). Ou seja, o poder constituinte, no caso, afastava-se do constitucionalismo revolucionário, pois não era ilimitado, sequer em teoria.

O projeto constituinte de 1823 não era tão ousado: mantinha o voto censitário e a escravidão. Apenas reproduziu alguns traços liberais em moda na Europa, em relação à separação de Poderes e declaração de direitos individuais. Não obstante indicativos de que o seu caráter simbólico da futura Constituição não ameaçaria as estruturas reais de poder, foi o que bastou à dissolução da Assembleia (NEVES, 2018). Também sob essas premissas foi gestada a Constituição de 1824.

Tanto a Constituição de 1824 quanto a de 1891 foram nominais, simbólicas, com baixo índice de efetividade de direitos e liberdades (AMADO, 1998). A Constituição de 1824 foi, à época, nada mais do que uma engenharia para conciliar o poder régio com as aspirações nacionais. Foi eficaz, ao contrário, em seus elementos autoritários e centralizadores, que conferiram ao Imperador o gozo pessoal do Poder Moderador,[37] que

---

[37] O Poder Moderador foi baseado nas ideias de Benjamin Constant, que em seu *Curso de Política Constitucional* adotou, nas monarquias constitucionais, uma divisão quadripartite de Poderes, acrescentando aos três Poderes clássicos o poder real, neutro, que funcionaria

estava acima dos demais Poderes do Estado (NEVES, 2018). De outro lado, a ampla autonomia estadual consagrada na Constituição de 1891, viabilizando a política do "café com leite" (predomínio de São Paulo e Minas Gerais), é prova de que a formatação jurídica e institucional da Primeira República atendia aos interesses das elites dominantes. A autonomia estadual incluía a possibilidade de contrair empréstimos externos e constituir milícias (FAUSTO, 1997).

A proclamação da república foi uma reação provinciana contra a unidade nacional imperial, e o resultado da tensão entre as forças centrípetas e centrífugas de deslocamento do poder foi a Constituição Federativa de 1891, fortemente influenciada por ideias norte-americanas, a qual adotou de um lado um sistema forte de concentração horizontal de poder (presidencialismo), e de outro uma descentralização vertical (federalismo) (ARANHA, 1998).

Em ambos os casos há evidente subordinação do Direito à Política, ou seja, subordinação do código lícito/ilícito aos códigos de poder das elites dominantes, alijado do processo o povo brasileiro, que foi sempre tratado pela política nacional mais como um símbolo constitucional do que como um fator real de poder (LIMA, 1998). Assim, "após 1891, a concretização constitucional continuou bloqueada e desfigurada e, associado a isso, o sistema jurídico permaneceu sem condições de experimentar e reduzir adequadamente a complexidade de seu ambiente", funcionando como "álibi" para descomprimir os donos do poder (NEVES, 2018, p. 181-183).

A Constituição de 1934, em seu breve período de vigência, não foi capaz de aproximar suas normas da realidade concreta. Com efeito, suas disposições normativas, inspiradas na Constituição democrático-social de Weimar (1919) não influenciaram a estrutura social, que permaneceu substancialmente intacta mesmo após o movimento de 30, como se viu (NEVES, 2018).

Por sua vez, a Carta outorgada em 1937, que inaugurou o Estado Novo de Getúlio Vargas, a pretexto de combater o avanço comunista e restaurar a ordem, concedia na prática amplos poderes ao Chefe do Poder Executivo federal – inclusive poder ilimitado de baixar decretos com força de lei e até com força constitucional – caracterizada portanto como Constituição instrumental ou semântica. Na parte concernente aos

---

em relação aos demais como "una fuerza que los ponga em su lugar", uma espécie de "poder judicial de los otros poderes" (CONSTANT, 2006, p. 13-16). Pressupõe, em tese, separação entre poder real e o executivo, o que não aconteceu no Brasil, por força do art. 102 da Constituição de 1824, segundo o qual o Chefe do Poder Executivo seria o próprio Imperador.

direitos sociais, persistiu o nominalismo, vez que seu texto destoava da realidade de considerável parcela miserável do povo (NEVES, 2018).

Já a Constituição de 1946, promulgada após a Segunda Guerra Mundial, marcou –como não poderia deixar de ser – o retorno à democracia, e com isso a volta do instrumentalismo ao nominalismo constitucional. Assim, apenas quando as elites dominantes se sentiram realmente ameaçadas, pela chegada de João Goulart ao poder, é que os vigilantes militares promoveram o golpe de 64, o que pediu um novo constitucionalismo semântico (Cartas de 1967/69 e atos institucionais), face jurídica da ditadura. Mais uma vez, uma completa submissão constitucional às relações de poder, que persistiu até 1985 (NEVES, 2018).[38]

Com a redemocratização, mais uma vez, em 1988, uma Constituição, fruto de laboriosa costura política, recheada de promessas e supostas boas intenções, que, apesar dos avanços e conquistas, foi sendo paulatinamente retalhada a gosto, antes de um grau satisfatório de normatividade, ainda não atingido. Permanece uma eficácia assimétrica da Carta Magna, traduzida no "modo como diferentes grupos extraem maior ou menor eficácia da Constituição em função do poder político ou econômico que detém" (VIEIRA, 2018, p. 110). Assim, a opulência e a generosidade da Constituição de 1988 não são aproveitadas por todos de modo simétrico.

Verifica-se, pois, que a história do constitucionalismo brasileiro alterna entre nominalismo e instrumentalismo, que, em verdade, são duas faces da mesma moeda. Nada mais são do que diferentes estratégias de dominação popular por parte dos detentores do poder. O grau de sinceridade do texto constitucional varia conforme o contexto e a necessidade, em diferentes formas de conferir legitimidade aos atos de uma elite política, quer lhe dando instrumentos jurídicos eficazes para combater a oposição, quer iludindo e entorpecendo o povo por meio de promessas e programas incertos. A concretização das normas constitucionais brasileiras ainda não alcançou uma simetria razoável, o que é causa e consequência de profundas desigualdades sociais.

Assim, na história constitucional brasileira verifica-se um *bloqueio mútuo, desarticulado, entre Direito e Política*: a Política não observa adequadamente[39] o ambiente jurídico, e vice-versa, ausentes o respeito e

[38] Uma similitude bastante eloquente entre as Cartas de 1937 e 1969 é que ambas flexibilizaram o quórum de emenda, viabilizando o controle do poder político sobre o constituinte (VIEIRA, 2018, p. 96).

[39] Adequadamente, aqui, significa através de lentes constitucionais.

o aprendizado que deveria haver entre os dois sistemas (NEVES, 2018), falta em ambos tanto o fechamento operacional quanto uma abertura cognitiva satisfatória.

A mudança de tal estado de coisas passa pelo amadurecimento sistêmico e cultural, com fortalecimento do significado e importância dos direitos fundamentais, processo em que exercerão importante papel as instituições.[40] Para uma conciliação entre poder político, Estado-administração, e o povo destinatário dos serviços públicos, pode prestar relevante contribuição o reconhecimento do direito fundamental à boa administração pública, adiante tratado.

Esse pano de fundo histórico-cultural, como se verá adiante, dimensiona e contextualiza apropriadamente o problema da transição de mandatos no executivo dos municípios brasileiros, iluminando suas causas e, a partir daí, possíveis soluções.

---

[40] Sobre a maior efetividade dos direitos constitucionais 'organizacionais', ou seja, que incentivem criação, aperfeiçoamento ou empoderamento de organizações protetoras, com função preventiva e reativa (CHILTON; VERSTEEG, 2014). Apesar de os autores focarem em partidos políticos e instituições privadas, o raciocínio é aplicável a instituições públicas independentes.

DIREITO FUNDAMENTAL À BOA ADMINISTRAÇÃO PÚBLICA

Embora com considerável atraso em relação aos europeus, e apesar da inexistência de positivação expressa na Constituição brasileira, o direito à boa administração pública, previsto no art. 41 da Carta dos Direitos Fundamentais da União Europeia (CARTA DE NICE, 2000),[41] desenvolvido sobretudo por franceses e italianos desde a primeira metade do século XX, vem ganhando corpo na doutrina e jurisprudência pátrias, compreendido como um Direito-síntese que decorre do conjunto de princípios e regras constitucionais que regem a Administração Pública, formando um regime jurídico-administrativo voltado para a realização do melhor interesse público, ligado à noção de serviço público adequado e incompatível com a descontinuidade administrativa, o que implica combate ao patrimonialismo e aos sectarismos políticos, bem como à concretização assimétrica de direitos fundamentais individuais

[41] Artigo 41º. Direito a uma boa administração
1. Todas as pessoas têm Direito a que os seus assuntos sejam tratados pelas instituições e órgãos da União de forma imparcial, equitativa e num prazo razoável.
2. Este Direito compreende, nomeadamente:
- o Direito de qualquer pessoa a ser ouvida antes de a seu respeito ser tomada qualquer medida individual que a afecte desfavoravelmente,
- o Direito de qualquer pessoa a ter acesso aos processos que se lhe refiram, no respeito dos legítimos interesses da confidencialidade e do segredo profissional e comercial,
- a obrigação, por parte da administração, de fundamentar as suas decisões.
3. Todas as pessoas têm Direito à reparação, por parte da Comunidade, dos danos causados pelas suas instituições ou pelos seus agentes no exercício das respectivas funções, de acordo com os princípios gerais comuns às legislações dos Estados-Membros.
4. Todas as pessoas têm a possibilidade de se dirigir às instituições da União numa das línguas oficiais dos Tratados, devendo obter uma resposta na mesma língua.
Disponível em: http://www.europarl.europa.eu/charter/pdf/text_pt.pdf. Acesso em: 22 dez. 2018.

e sociais. Portanto, o fortalecimento do conceito de boa administração pública, e seu reconhecimento como direito dos administrados, a partir da compreensão de sua natureza principiológica, tem potencial para contribuir de forma decisiva para o paulatino amadurecimento dos sistemas jurídico e político brasileiros.

3.1 Princípios constitucionais e direitos fundamentais

Na segunda metade do século XX, o Direito passou por uma revolução branca, em que restou reforçada a normatividade dos princípios, elevados a fontes jurídicas de primeira grandeza. Os direitos fundamentais, de natureza predominantemente principiológica, ganharam força, e as Constituições deixaram de ser meras cartas políticas, alçadas ao centro gravitacional do ordenamento jurídico.[42] É importante compreender esse contexto para se saber do que se está a falar quando é abordado determinado direito fundamental.

Konrad Hesse (1991), fiel à sua ideia de força normativa da Constituição (1959), em obra clássica cuja primeira edição data de 1967, já ressaltava o caráter duplo dos direitos fundamentais (são direitos subjetivos e elementos da ordem objetiva da coletividade). Tais direitos fundamentam o *status* jurídico-constitucional do particular e determinam competências negativas para os Poderes estatais, bem como os objetivos, os limites e os modos de cumprimento das tarefas estatais. Para Hesse, o entrelaçamento entre direitos fundamentais e a ordem constitucional evidencia que aqueles não podem ser entendidos como um sistema fechado. A maioria dos direitos fundamentais carece de organização – tarefa dos poderes constituídos e instituições – mas confere direito imediato à sua proteção jurídica efetiva, daí a importância dos procedimentos para sua realização (HESSE, 1995).

Uma visão da literatura especializada produzida a partir do pós-guerra revela a seguinte interseção: a noção de direitos fundamentais como norte e limite do ente estatal. Assim, Lowenstein se refere ao reconhecimento jurídico de zonas proibidas ao Estado (LOEWENSTEIN, 1976). Gordillo explica que os direitos fundamentais têm eficácia reforçada – imediata e protegida contra reformas constitucionais – justamente porque são *trunfos dos indivíduos face ao Estado* (GORDILLO, 2012).

---

[42] Segundo a doutrina, o chamado neoconstitucionalismo se caracteriza pela: aproximação entre Direito e Moral, força normativa dos princípios constitucionais e valorização dos direitos fundamentais (OLIVEIRA, 2013. p. 37).

No Brasil, Phillip Gil França (2017) os qualifica como metas e limitações aos gestores públicos.

Entre as teorias dos direitos fundamentais, a de Robert Alexy, gestada nos anos 1980, goza de especial aceitação entre os juristas brasileiros. Segundo Alexy (1999), os direitos do homem, e seus problemas, formam um sistema. A necessária institucionalização dos direitos humanos começa com sua conceituação e transformação em direito positivo; avança com sua organização e concretização pelo Estado, e se complementa com o controle judicial (justiciabilidade). Desse processo resultam os direitos fundamentais: do ponto de vista material, um interesse ou carência é fundamental quando sua violação ou insatisfação resulta em morte, sofrimento grave, ou toca alguma esfera essencial da autonomia.

Alexy (2015) defende que os direitos fundamentais possuem natureza principiológica. Essa concepção define sua teoria, que ressalta a necessidade de sopesamento para se chegar à melhor resposta concreta possível, o que confere abertura ao sistema jurídico, inclusive em face da moral.

Nessa mesma linha de Alexy, destaca-se no Brasil Virgílio Afonso da Silva (2017), para quem a principal distinção entre regras e princípios está na estrutura dos direitos que garantem e deveres que impõem. Enquanto nas regras os direitos e deveres são definitivos, nos princípios são *prima facie*.

De outro lado, Marcelo Neves (2013), além de objetar ao conceito de Alexy de princípios como mandatos de otimização – por entender que nada garante que o resultado do processo de concretização será otimizado – explica que enquanto aqueles servem como fundamento sempre *mediato* de decisões jurídicas, funcionando como balizadores de regras existentes em textos normativos e construtores de regras atribuídas pelo órgão concretizador – estas, *que também têm caráter prima facie* no início da concretização e são passíveis de "calibração, cotejamento ou ponderação" – *podem* exercer sua função plena quando, no final do processo, transformam-se em razão definitiva. De toda forma, mesmo na fórmula de Neves, apesar de uma certa aproximação entre os dois tipos de normas, continua clara a maior abrangência e elasticidade dos princípios em face de suas peculiaridades estruturais e funcionais dentro sistema jurídico.

Gustavo Zagrebelsky (1992), após sublinhar que a Constituição, por sua linguagem, é predominantemente principiológica, diferencia regras de princípios da seguinte forma: enquanto as regras fornecem diretamente critérios de ação, de comportamento, os princípios não nos dizem nada a este respeito, senão por meio de valores que nos auxiliam a tomar decisões em situações concretas. Enquanto aquelas podem, por sua natureza, ser obedecidas e aplicadas silogisticamente (subsunção), os princípios norteiam uma tomada de posição frente à realidade, valorando-a. Atenta para a impossibilidade de redução dos princípios a acessórios das regras, atribuindo àqueles apenas função supletiva, integrativa ou corretiva destas – o que se extrai da análise das diferenças estruturais entre os dois tipos de normas.

Para Manuel Atienza e Juan Ruiz Manero (2009), os princípios podem ser explícitos ou implícitos, caso estejam ou não expressamente formulados no ordenamento jurídico. Os princípios são espécies normativas com alto grau de indeterminação. Enquanto as regras são razões peremptórias para ação, princípios jurídicos são razões não peremptórias. Os princípios implícitos têm sua existência dependente da qualidade de seu conteúdo, entendida como adequação e coerência com as normas expressas. Os princípios têm uma função explicativa, em face de sua capacidade de síntese, enunciados econômicos e relevante função didática e sistematizadora. Enquanto a regra reduz a complexidade do processo argumentativo, os princípios são menos concludentes. De outro lado, os princípios têm maior força expansiva.

Na teoria de Humberto Ávila (2015), princípios são normas imediatamente finalísticas (propõem um estado ideal de coisas), com pretensão de decidibilidade concorrente e parcial, e cuja aplicação demanda avaliação entre o fim pretendido e os efeitos da conduta adotada. Os princípios exercem uma função interpretativa, restringindo ou ampliando o sentido de outras normas, e uma função bloqueadora, afastando elementos incompatíveis com o estado ideal de coisas a ser promovido. Possuem também uma eficácia argumentativa, na medida em que exigem uma justificação tanto maior quanto mais intensa for a restrição aos bens e interesses jurídicos por ele protegidos. O Estado tem o dever de respeitar os direitos fundamentais, e também de promovê-los. Essa é a eficácia externa subjetiva dos princípios, quando estes funcionam como direito subjetivo.[43]

Importante ter em mente que os diversos critérios tradicionais para definir os princípios, distinguindo-os das regras, são no mais das vezes

[43] Na classificação de Ávila, além de princípios e regras, existem os postulados, os quais "não impõem a promoção de um fim, mas, em vez disso, estruturam a aplicação do dever de promover um fim", ou seja, estruturam a aplicação dos princípios e regras (ÁVILA, 2005, p. 9-10).

complementares, e não excludentes, convergentes, e não antagônicos, sendo possível o recurso a outros critérios quando algum se mostrar insuficiente em uma situação concreta (BERTUOL JUNIOR, 2016). A compreensão das diferenças entre princípios e regras é essencial para se trabalhar com direitos fundamentais.

Ingo Wolfgang Sarlet (2010), por sua vez, lembra que a abertura material do catálogo constitucional dos direitos fundamentais inclui direitos implícitos, decorrentes do regime e princípios consagrados na Lei Maior e se estende até alguns direitos previstos expressamente por legislação infraconstitucional, o que ocorre quando um direito possui fundamento constitucional (ao menos implícito) e é regulado pelo legislador.

Assim, pode-se dizer que os princípios gerais de direito são os suportes estruturais do sistema jurídico (DELPIAZZO, 2014). Enquanto as regras prescrevem condutas, os princípios são valorativos ou finalísticos, e sua aplicação envolve um processo de racionalização mais sofisticado, complexo (embora não se descarte a possibilidade de ponderação de regras) (BARROSO; BARCELLOS, 2005). As regras concretizam princípios. Estes são fins; aquelas, meios (MARTINS, 2015).

Quanto aos direitos fundamentais, em certo ponto, deixaram de ser apenas limites à atuação do Estado e passaram a funcionar também como lastro para a atuação estatal (OLIVEIRA; VARESCHINI, 2009). Manifestam-se, pois, de distintas maneiras, como: garantias institucionais; normas de competência negativa (limitam a ação da administração); padrões de interpretação; decisões objetivas de valor; normas de conformação de procedimentos administrativos; deveres de proteção e garantia (prestações) (BACHOF; STOBER; WOLFF, 2006).

No caso brasileiro, o art. 5º, §2º da CF/88 estabelece uma abertura do catálogo dos direitos fundamentais, admitindo também aqueles decorrentes do regime e dos princípios adotados, ou seja, direitos fundamentais implícitos ou dedutíveis (FINGER, 2006). Nem todos os princípios são expressos no texto constitucional. Alguns são desvendáveis por inferência ou esforço interpretativo (FREITAS, 2004). Aliás, esforço de concretização, argumentativo, com análise de elementos textuais e contextuais (SUNDFELD, 2014).

Em resumo: os direitos fundamentais, de natureza predominantemente principiológica, portanto flexíveis, estabelecem metas e limites ao Poder Público, e formam um sistema aberto, que inclui direitos implícitos, decorrentes do regime e princípios consagrados na Carta Magna. Essa premissa é indispensável à abordagem apropriada do tema da boa administração pública como direito fundamental no Brasil, levando em conta que a Constituição de 1988 não lhe fez qualquer referência expressa direta. Importante esclarecer que a mencionada abertura sistêmica é de índole cognitiva, não sendo em tese obstáculo à autopoiese do sistema jurídico, que, como já se viu, deve ser cognitivamente aberto e operacionalmente fechado.

3.2 Direito à boa administração pública na Europa

A ideia de boa administração pública não é nova, mas sua juridicização foi um processo relativamente demorado e ainda em andamento, que teve como palco principal a Europa, com destaque para doutrinadores franceses e italianos. Ocupou relevante papel a Corte Constitucional da Itália.

O francês Maurice Hauriou lançou o germe que desencadeou este processo ao cunhar o conceito de moralidade administrativa, vista como moralidade institucional. Já na década de 20 do século passado, Hauriou afirmou que o Estado, organizado como "pessoa moral perfeita", deve absorver o "jogo das responsabilidades" dos agentes públicos, e que seria necessário, para tanto, que os cidadãos tivessem consciência de sua soberania, ou seja, de sua condição de proprietários da coisa pública, e, consequentemente, da responsabilidade dos governantes perante o povo. Assim, a soberania popular e o princípio republicano seriam fundamentos da moralidade do Estado (HAURIOU; RUIZ DEL CASTILLO, 1927, p. 525-538).

Essa moral institucional, despsicologizada, trazia em si uma revolução: as instituições – e não apenas os indivíduos – têm deveres morais. E o Estado não seria diferente, quanto mais porque administra a coisa pública, que não lhe pertence, e sim ao povo soberano. A partir daí, a relação entre Administração e administrado não se resumiria mais a uma sujeição deste àquele.

Evidente que os deveres morais de uma instituição diferem daqueles de uma pessoa, à medida que a natureza de uma e de outra são bastante distintas. Assim, é intuitivo que a moralidade da Administração Pública, enquanto instituição, precisa levar em conta as funções a serem desempenhadas pelo ente público.

Dando continuidade às lições de Hauriou, Henri Welter, ainda na década de 20 (1929), pontuou que os "direitos administrativos" são de natureza funcional, e portanto os poderes que os substanciam são dominados pela noção de objetivos a alcançar, sendo essa subordinação do poder administrativo ao elemento finalístico a base do *princípio de boa administração* ou da moralidade administrativa.[44]

Então, com Welter foram equiparados o princípio da boa administração ao da moralidade administrativa. Mas é preciso lembrar que os princípios, naquele tempo, não tinham a juridicidade de hoje. A ideia de boa administração pública tinha pela frente ainda longa trajetória a percorrer.

Dos franceses para os italianos: no ano de 1931, o jurista napolitano Ugo Forti, em seu *Diritto amministrativo I*, referiu-se a normas de boa administração e, embora as considerasse privadas de juridicidade, advertiu que não deveriam ser ignoradas por gerarem efeitos jurídicos indiretos (URSI, 2016).

Em 1940, Raffaele Resta publicou o livro *L'onere di buona amministrazione*, em que a boa administração pública foi apresentada como um ônus (MOREIRA NETO, 1998). Resta conceituou a boa administração como atividade administrativa perfeitamente adequada no tempo, nos meios e fins, e reconheceu o seu papel de *standard* jurídico, um verdadeiro ônus da administração em face dos interesses da coletividade (URSI, 2016). Os ensinamentos de Resta acenderam a fagulha inicial para os futuros desdobramentos da juridicização da ideia de boa administração na Itália.

Passo relevante deu o próprio constituinte italiano, que fez consignar no art. 97 da Constituição de 1948 que os ofícios públicos são organizados segundo disposição de lei, de modo que sejam assegurados o *bom andamento* e a imparcialidade da administração.[45] Restou, neste dispositivo, positivado o chamado princípio de bom andamento ou da boa administração pública.

Por sua vez, Guido Falzone lançou, em 1953, obra paradigmática, intitulada *Il dovere di buona amministrazione*, a qual considerou a boa administração pública como um *dever*. Falzone, considerando que a atividade administrativa possui natureza de função a ser exercida

---

[44] "[...] Car il y a lieu de remarquer que les droits administratifs sont de nature *fonctionnelle*, qu'en tant que pouvoirs ils restent toujours dominés par l'idée de *buts précis* à atteindre. C'est cette idée qui se trouve à la base du principe de la bonne administration ou de la moralité administrative [...] C'est la subordination du pouvoir administratif à cette fonction qui se traduit dans l'idée de *l'institution*. [...] la différence essentielle entre l'activité privée et l'activité publique résidera dans le fait que 'exercice des droits de l'administration sera *entièrement* dominé par l'élément final, qui, dans certains cas, peut devenir embarrassant pour l'établissement de constructions juridiques nettes et définitives. [...]" (WELTER, 1929, p. 8-14).

[45] "I pubblici uffici sono organizzati secondo disposizione di legge, in modo che siano assicurati il buon andamento e l'imparzialitá dell'amministrazione".

no interesse da coletividade,[46] de tutela de interesses coletivos,[47] de poder-dever[48] a ser desempenhado da melhor maneira possível,[49] um meio para a persecução de um fim,[50] reconhece que o dever de boa administração está expressamente albergado no art. 97 da Constituição italiana, e que, independendo mesmo de disposição expressa, é um preceito jurídico genérico,[51] um princípio geral de direito, essencial e intrínseco ao ordenamento jurídico estatal.[52]

Entretanto, Falzone não aceitava que ao dever de boa administração correspondia um direito subjetivo do administrado. Admitia que o descumprimento do dever funcional pudesse dar ensejo à sanção jurídica sobre o ato,[53] mas que, a rigor, não constituía uma obrigação, justamente por não corresponder a um direito.[54] Portanto, apesar dos incontestáveis avanços decorrentes da conjugação do poder com o dever, sintetizado na expressão poder-dever, ainda aqui não se falava em direito à boa administração.

Papel fundamental no desenvolvimento do princípio de boa administração, ou de bom andamento, exerceu a Corte Constitucional Italiana, instituída em 1956, que partiu de uma postura inicial de autocontenção[55] em direção a um controle das escolhas discricionárias do legislador por critérios de razoabilidade e não arbitrariedade,[56]

---

46 "La funzione pubblica è exercitata nell'interesse *immediato* della collettività" (FALZONE, 1953, p. 26).

47 "tutela di interessi collettivi" (*Op. cit.*, p. 49).

48 "potere-devere" (*Op. cit.*, p. 56).

49 "deve realizzare in maniera quanto più e quanto meglio possibile" (*Op. cit.*, p. 64).

50 "[...] implica l'esercizio di potestà o poteri diretti alla realizzazione del fine per cui la funzione è stata conferita" (*Op. cit.*, p. 24).

51 "precetto giuridico generale" (*Op. cit.*, p. 130).

52 "[...] è insito nell'ordinamento giuridico statale, indipendentemente dalla formula politica cui questo possa essere ispirato e si pone come uno dei principî giuridici essenziali tra quelli che regolano l'attività delle persone giuridiche pubbliche." (*Op. cit.*, p. 138).

53 Sobre o ato (invalidade), e não sobre o agente público. ("Questa sanzione...ricade sulla manifestazione esteriore di volontà, sull'atto amministrativo, non sul titolare dell'organo") (*Op. cit.*, p. 153).

54 "al dovere funzionale non sta contrapposto neppure un diritto altrui, altrimenti ricorrerebbe la figura dell'obbligo" (*Op. cit.*, p. 83).

55 Sentença 9, ano 1959; pres. Azzariti – rel. Perassi. Sentença nº 47, ano 1959; Pres. Azzarati – Rel. Cassandro. Sentença nº 22, ano 1966; Pres. Ambrosini – Rel. Castelli Avolio.

56 Sentença nº 8, ano 1967; Pres. Ambrosini – Rel. Bonifacio. Sentença nº 10, ano 1980; Pres. Amadei – Rel. Paladin. Sentença nº 217, ano 1987; Pres. La Pergola – Rel. Baldassare. Sentença 390, ano 1999. Pres. Granata – Rel. Mirabelli. Ao consolidar o novo entendimento, a Corte afirmou ser o bom andamento dos ofícios públicos essência da vida administrativa e assim condição do desenvolvimento ordenado da vida social ("cardine della vita amministrativa e quindi condizione dello svolgimento ordinato della vita sociale") (sentença nº 123, ano 1968. Pres. Sandulli – Rel. Fragali).

abrangendo a atividade administrativa como um todo, sem eliminar a insindicabilidade do mérito propriamente dito.[57]

No mais, a análise da jurisprudência da Corte revela ainda que o princípio de boa administração é relacionado aos conceitos de ótima funcionalidade,[58] tempestividade e eficiência,[59] economicidade,[60] idoneidade procedimental,[61] continuidade,[62] publicidade e participação,[63] credibilidade da Administração Pública.[64] [65]

Com o advento, no ano 2000, da Carta dos Direitos Fundamentais da União Europeia, que, como já se disse, previu expressamente em seu art. 41 o "direito a uma boa administração", com mais razão, a doutrina europeia mais moderna passou a consagrar o princípio e reconhecer sua positividade e juridicidade.

Assim, para continuar com os italianos, Sabino Cassese (2011) descreve a trajetória da ideia, de mero dever da administração a verdadeira obrigação, correspondente a direito individualmente acionável, podendo o administrado para tanto dirigir-se a um juiz ou a outro órgão de controle. Para Cassese, o princípio da boa administração é fruto da expansão da esfera pública, sobretudo da extensão da constitucionalização, do âmbito político para o administrativo: primeiramente orientado para a eficácia da administração e defesa do administrado, seu âmbito de aplicação aumentou para abranger situações cada vez mais gerais, até se expandir do Estado à comunidade, conferindo direitos aos quais correspondem obrigações dos administradores. Acerca da abrangência do conteúdo do direito à boa administração pública, Cassese afirma que este é variável, com alguns princípios nucleares, como direitos de participação e procedimentais, princípios de imparcialidade, razoabilidade, equidade, objetividade, coerência, proporcionalidade, ausência de discriminação, dever de cortesia.

---

[57] Sobre a proximidade, mas distinção dos juízos de razoabilidade e mérito propriamente dito: Sentença nº 1130, ano 1988; Pres. Saja – Rel. Baldassare. Sentença nº 01, ano 1989; Pres. Saja – Rel. Mengoni.

[58] Sentença nº 234, ano 1985.

[59] Sentença nº 404, ano 1997.

[60] Sentenças nº 60, ano 1991 e 356, ano 1992.

[61] Sentença nº 135, ano 1998.

[62] Sentenças nº 331, ano 1988 e 103, ano 2007.

[63] Sentenças nº 262, ano 1997 e 104, ano 2006.

[64] Sentenças nº 206, ano 1999 e 145, ano 2002.

[65] Todos estes julgados foram extraídos da página http://www.cortecostituzionale.it/documenti/convegni _seminari/STU_212.pdf.

Por sua vez, Giorgio Clemente (2008) ressalta que tal princípio, previsto em alguns textos normativos, herdeiro do Direito romano e de inegável força moral, está na base do direito comunitário europeu. Relaciona-o com o instituto dos "mediadores", previsto no art. 195 do Tratado da União Europeia, firmado em Nice, em 26 de fevereiro de 2001, descrito como "strumento di garanzia non giurisdizionale", no qual o parlamento europeu nomina um mediador habilitado para receber denúncias de casos de má administração. Ainda, vê no princípio da boa gestão financeira – que compreende os chamados 3E (economia, eficiência, eficácia) – uma especificação do princípio de boa administração, que muda a ótica do controle, o qual passa a se ocupar do resultado da despesa, e não apenas da legalidade desta, sendo necessário para tanto fazer uso de indicadores de performance.

Já Riccardo Ursi (2016), após historiar a ideia de boa administração e relacioná-la com eficiência, define esta como *funcionalidade* da organização pública: em abstrato (desenho organizativo formal), em concreto (efetividade das tarefas sociais do Estado), gerencial (performance) e sustentável (economicidade). Especifica a dimensão jurídica da eficiência: adequação aos fins, 'aptitude for office' do funcionário, maximização dos resultados, sempre condicionada pela relação entre administração e ordenamento jurídico, deveres dos funcionários e sistema de responsabilidades. Defende a adoção de um modelo gerencial, com superação de uma abordagem mais burocrática e cogência jurídica do paradigma eficiência-produtividade, como política moderna de controle de resultados, de performance. Por fim, demonstra preocupação com o rumo da Europa, que passou a priorizar a economicidade e redução do débito público como critério de eficiência, quando o ideal seria desenhar uma administração sustentável (economicidade) sem perder, entretanto, sua funcionalidade.

Cristiano Celone (2017), da Università degli Studi di Palermo, em recente publicação, observou que o art. 41 da Carta europeia define o direito à boa administração, como tratamento imparcial, equitativo, em prazo razoável, acrescido de direitos procedimentais e de ressarcimento por danos sofridos, o que se faz acompanhar de um "aparelho mínimo de garantias" (p. 26). Na sua visão, a boa administração, passando pela simplificação e transparência dos procedimentos, tem relevância estratégica, não apenas jurídica, mas também econômica, pois, aumentando a confiabilidade das instituições públicas, atrai investimentos. Acrescentou que a novidade do art. 41 da Carta europeia consiste na inclusão do já consagrado princípio de boa administração entre os direitos fundamentais da pessoa, deixando de ser apenas princípio organizativo e funcional para configurar pretensão jurídica dos particulares, ressaltando a centralidade a pessoa, com superação da visão clássica de supremacia da administração nas suas relações com particulares. E que embora a Constituição italiana de 1948 não o diga expressamente, a doutrina italiana já reconheceu a boa administração como direito fundamental implícito, sediado nos princípios de imparcialidade e bom andamento, expressamente albergados naquela Carta Magna (CELONE, 2017).

Celone (2017) ressaltou o direito à boa administração como critério interpretativo de normas. Boa administração seria, então, o conjunto de princípios e regras, substanciais e processuais, não necessariamente judicializáveis, compatíveis com um moderno sistema democrático de direito, que inclui regras éticas de educação e cortesia. Impõe um dever de cuidado, ou seja, uma análise cuidadosa da situação de fato e do direito aplicável. Pressupõe os conceitos de justiça e proporção, devendo a decisão ser idônea, necessária e adequada, valorizando o interesse público com o menor sacrifício possível de interesses individuais. Inclui o direito de, dentro do possível, ser informado, ter acesso e ser ouvido previamente. Abrange o direito à motivação lógica e adequada das decisões administrativas. Enfim, o conteúdo é tão amplo que compreende todos os princípios gerais que regem a Administração Pública. De outro lado, a má administração se revelaria em face de comportamento desleal, abusivo, discriminatório, opaco, atrasado, irregular do administrador.

Entre os espanhóis que se dedicam sobre o tema, destaca-se Jaime Rodríguez-Arana Muñoz (2012), que lançou livro de referência sobre o assunto. Para ele, o direito fundamental à boa administração pública é um amálgama de diversos direitos que remetem a: comprometimento com a melhora de vida das pessoas; consideração plural dos interesses gerais; abertura à realidade; constante adaptação à realidade; respeito à pessoa; busca do entendimento; liberdade de participação cidadã; constante avaliação e revisão; moderação; sensibilidade à opinião pública; centralidade do cidadão; perspectiva instrumental da Administração Pública; Estado como garantidor dos direitos fundamentais; neutralidade (objetividade); critérios mínimos de governo; fundamento na soberania popular; consideração ao tempo, como elemento essencial. Pode ser decomposto entre múltiplos princípios e direitos, entre os quais o da juridicidade, racionalidade, igualdade de trato, segurança jurídica, publicidade, proporcionalidade, coerência, responsabilidade, celeridade, ética, cooperação, resolução justa, serviços de qualidade, tratamento com cortesia e cordialidade.

Segundo este autor, o acordo do Conselho de Ministros de Ética Pública, de 18 de janeiro de 2005, é o primeiro instrumento normativo espanhol que se refere ao conceito de bom governo. Seleciona os seguintes princípios básicos: objetividade, neutralidade, integridade, responsabilidade, credibilidade, imparcialidade, confidencialidade, dedicação ao serviço público, transparência, exemplaridade, austeridade, acessibilidade, eficácia, probidade, e promoção da cultura, do meio ambiente e da igualdade entre homens e mulheres. A lei espanhola de regulação dos conflitos de interesses dos membros do governo e dos altos cargos da Administração Geral do Estado, publicada no BOE, de 11 de abril de 2006, também tem por finalidade garantir o bom governo. Menciona ainda que no Reino Unido há o livro branco *Modernising Government* (março de 1999), em que são apresentados os seguintes compromissos essenciais de uma boa administração: definição de uma política de futuro, serviços públicos potencializados e de qualidade para o povo, uso das novas tecnologias. No documento, outras estratégias são mencionadas, como adequada recompensa dos funcionários públicos por resultados satisfatórios, e a necessidade de uma Administração integrada (MUÑOZ, 2012).

Em outra oportunidade, Rodríguez-Arana Muñoz (2013) constatou ser a boa administração pública um direito e um princípio de atuação que tem como componente essencial uma dimensão ética, que compreende o interesse geral como conceito aberto, plural e dinâmico, submetendo-se à lei e ao direito (juridicidade) como princípio de exercício normativo do poder. E, não menos importante, é princípio de cooperação: os órgãos públicos devem cooperar entre si e respeitar o exercício das respectivas competências.

Ainda entre os espanhóis, Beatriz Tomás Mallén (2004) apresenta o direito fundamental à boa administração, no contexto europeu, como um Direito "novo" residente no núcleo da cidadania – mas não só – podendo ser invocado por toda pessoa, inclusive em situações relativas à imigração e asilo; um direito-garantia ou direito instrumental, que propicia a defesa de outros direitos, nele embutidas garantias jurisdicionais e não jurisdicionais (controle não jurisdicional: autotutela ou órgãos independentes). Para Mallén, a boa administração perpassa pelas várias esferas de atuação do Estado. No âmbito tributário, por exemplo, reclama ponderação dos direitos dos contribuintes com o dever de contribuir. Na contratação pública, deve-se atentar para princípios de publicidade e concorrência, economicidade, interesse público e direitos dos administrados.

Entre os portugueses também se difundiu o conceito. Mário Aroso de Almeida (2005), embora em tom bastante crítico, admite que a boa administração vem sendo aceita como uma "fórmula síntese", que abrange um conjunto de regras e princípios jurídicos, havendo mesmo quem se refira a "direitos humanos administrativos", o que significa um alargamento do catálogo de direitos fundamentais (p. 17-18). Relata a criação na Comunidade Europeia da figura do Provedor de Justiça, com atribuições de combater a má administração, e a elaboração do Código Europeu de Boa Conduta Administrativa, por resolução do parlamento, de 06.09.2001.

A ideia de boa administração também não é estranha à doutrina alemã. Apenas para exemplificar, em obra clássica, cuja primeira edição data de 1999, Otto Bachof, em coautoria com Rolf Stober e Hans Julius Wolff, asseverou que a Administração Pública está sempre vinculada aos fins de suas funções, sendo a salvaguarda e a promoção do interesse público princípio estrutural, não escrito, de toda manifestação administrativa, constituindo mesmo o fundamento e os limites de toda a execução administrativa. Esse princípio geral – máxima estruturante – seria corolário da opção republicana, focada no bem comum, sendo válido para a aplicação, interpretação e ponderação do Direito Administrativo. Esclareceu que o interesse referido não é o fático ou subjetivo do administrador, mas o interesse objetivamente determinável a partir das necessidades, fins e objetivos do ente público. Arrematou que a adequada satisfação desses interesses passa pela implementação de procedimentos jurídicos para a sua averiguação, o que inclui ponderação, mas também a busca do consenso e cooperação (BACHOF; STOBER; WOLFF, 2006).

Demonstrou-se, pois, que a boa administração pública, enquanto princípio jurídico, obrigação do administrador e direito fundamental do administrado, é ideia já bastante enraizada no ambiente europeu. Embora com certo atraso,[66] os juristas brasileiros absorveram o conceito,

[66] A Constituição uruguaia de 1952, por exemplo, já aludia expressamente ao princípio da boa administração como parâmetro de controle: "Artículo 311 – Cuando el Tribunal de lo Contencioso Administrativo declare la nulidad del acto administrativo impugnado por causar lesión a un derecho subjetivo del demandante, la decisión tendrá efecto únicamente en el proceso en que se dicte. Cuando la decisión declare la nulidad del acto en interés de la regla de derecho **o de la buena administración**, producirá efectos generales y absolutos."

com todas as suas implicações, e contribuíram para o seu estudo, como se verá.

3.3 Direito à boa administração pública no Brasil

Pode-se ter um vislumbre da visão clássica, ultrapassada, do tema, com Miguel Seabra Fagundes (1951), para quem as normas de boa administração, inclusive a razoabilidade, moralidade e o efetivo atendimento ao interesse público, eram insindicáveis pelo Poder Judiciário, que devia se limitar ao controle de legalidade.

Rompendo com a tradição, Diogo de Figueiredo Moreira Neto (1998), em obra cuja primeira edição data de 1989, invocando Rafaelle Resta, mencionou o dúplice dever funcional da Administração Pública: de legalidade e de boa administração, este intrínseco ao poder discricionário. Asseverou que compete ao Judiciário velar pelas escolhas administrativas que atendam de maneira ótima ao interesse público, sem impor sempre uma única solução.

Por sua vez, Celso Antônio Bandeira de Mello (2012), em livro cuja primeira edição foi publicada no ano de 1992, ensinou que o dever de boa administração é jurídico, e não apenas moral ou da ciência da administração, relacionando-o também ao poder discricionário (em uma versão dinâmica), a demandar o melhor comportamento do agente público em face das circunstâncias concretas. Invertendo a fórmula de Falzone, rotula a atividade administrativa de 'dever-poder'.

Entretanto, o conceito de direito à boa administração foi desenvolvido e aprofundado por Juarez de Freitas (2014), segundo o qual este direito fundamental à boa administração pública – positivado no art. 41 da Carta dos Direitos Fundamentais de Nice – é norma implícita no sistema jurídico brasileiro, de aplicação imediata, decorrendo do próprio conjunto de princípios e regras abarcados na Constituição Federal de 1988. Assevera que a legitimidade pressupõe a observância dos deveres resumidos no referido direito fundamental, o qual reclama também um monitoramento de resultados em *horizonte ampliado*, um Estado da continuidade planejada, da racionalidade aberta. O autor define o direito fundamental à boa administração pública como um direito-síntese a uma administração "eficiente e eficaz, proporcional cumpridora de seus deveres, com transparência, sustentabilidade, motivação proporcional, imparcialidade e respeito à moralidade, à participação social e à plena responsabilidade por suas condutas omissivas e comissivas" (p. 21).

No Brasil, tem por especial missão combater o predomínio senhorial, subproduto do patrimonialismo. Vislumbra-se uma responsabilidade proporcional por ações e omissões; elaborar uma agenda de prioridades; avaliação qualitativa e quantitativa dos impactos das Políticas públicas; motivação clara e racional das escolhas, baseada em evidências; planejamento estratégico (FREITAS, 2015). Uma mudança de paradigma na Administração Pública brasileira reclama uma "evolução constitucionalizadora das relações administrativas", a saber, uma Administração Pública "inteligentemente redesenhada", racional, eficiente e eficaz, cumpridora dos deveres, com proporcionalidade, transparência, motivação, imparcialidade, moralidade, participação social e responsividade, propiciando a concretização da dignidade dos administrados, induzindo a continuidade da prestação dos serviços e manutenção dos bens essenciais, desvinculada do calendário eleitoral. Exige um processo decisório "rigorosamente vinculado aos princípios e direitos fundamentais", livre dos sectarismos políticos, com valorização das carreiras de Estado, uma postura funcional, atitude tempestiva, proativa, com prevenção e precaução, mas ponderada, coerente e equitativa, aberta às novas tecnologias (FREITAS, 2010, p. 15-22).

Após o pioneirismo dos autores acima, o conceito de boa administração se disseminou pela doutrina brasileira. Assim, já foi dito que o direito à boa administração pública: envolve disponibilização adequada de serviços públicos (KOHLS; LEAL, 2015); imprescinde de um compromisso com o pragmatismo, fundado no realismo, contextualismo e consequencialismo; se relaciona com a eficiência, que não se coaduna com descontinuidade administrativa (OLIVEIRA, 2013); tem como um dos seus componentes a impessoalidade-imparcialidade (FINGER, 2006) e uma dimensão objetiva identificada com a participação da sociedade organizada nas escolhas públicas (VALLE, 2010). Boa administração como o dever de concretizar otimamente o interesse público, equivalente aos deveres de eficiência e de justiça, não se confundindo com a moralidade administrativa (MARTINS, 2015). É a "funcionalização" da atividade administrativa; o reconhecimento da "bipolaridade" do Direito Administrativo: entre prerrogativas e restrições, poderes e deveres (OLIVEIRA; VARESCHINI, 2009). O dever de boa administração embute o atendimento, entre outros, aos princípios previstos no art. 37, *caput*, da Constituição Federal de 1988: legalidade (compatibilidade com as leis e com a Constituição); impessoalidade (atuação administrativa pautada por critérios objetivos); moralidade (dever de atuar em conformidade com os princípios éticos); publicidade (dever de transparência); eficiência (dever de desempenhar atribuições da melhor forma possível). A boa administração implica máxima objetividade *possível*, estabelecendo assim maior previsibilidade, segurança, viabilidade de controle, legitimidade, padronização e confiança (FRANÇA, 2017).

Importa ressaltar ligação do conceito de boa administração com a continuidade e adequação de serviços públicos essenciais. No entender de Juarez Freitas (2009), o direito fundamental à boa administração pública reclama um "Estado da continuidade planejada dos serviços essenciais", um Direito Público voltado mais para o Estado do que para os governos, propiciando "maior consistência intertemporal das políticas públicas, para além dos governos episódicos" (p. 14). Pressupõe o fortalecimento das carreiras típicas de Estado, dentre elas as responsáveis pelo controle estatal, as quais necessitam de confiabilidade em longo prazo, descolando-se das descontinuidades governamentais e das Políticas de ocasião (FREITAS, 2009). Outrossim, para Adriana da Costa Ricardo Schier, o direito fundamental à boa administração pública implica o que pode ser denominado "direito fundamental ao serviço público adequado" (SCHIER, 2011, p. 290). A doutrina frisa que o princípio da continuidade tem relação estreita com os princípios da indisponibilidade do interesse público (DAL POZZO, 2012) e da eficiência,[67] o qual – acrescenta-se – estão intimamente ligados ao dever de boa administração.

Em relação à jurisprudência brasileira, constata-se que a ideia de boa administração vem sendo considerada nos julgamentos do Superior Tribunal de Justiça. O Ministro Paulo Medina, na condição de relator do MS nº 7.765 – DF fez constar em seu voto:

> A Administração Pública e, consequentemente, os seus agentes, desimportante o seu nível hierárquico, estão adstritos, por expressa disposição constitucional (art. 37, caput), à observância de determinados princípios, dentre os quais se destaca o princípio da eficiência, inserido no dispositivo em virtude da alteração procedida pela Emenda Constitucional n. 19/98. A atividade administrativa, dessa forma, deve desenvolver-se no sentido de dar pleno atendimento ou satisfação às necessidades a que visa suprir, em momento oportuno e de forma adequada. Impõe-se aos agentes administrativos, em outras palavras, o cumprimento estrito do **'dever de boa administração'**. (Primeira Seção – STJ – julgamento em 26 de junho de 2002, à unanimidade)

[67] Daí sua feição constitucional (GENOSO, 2011, p. 133)

A Corte referiu-se ainda aos "princípios estruturantes da boa administração",[68] e à proteção do "patrimônio público *lato sensu*, isto é, aos bens e valores materiais e imateriais da boa administração",[69] como fundamentos da exigência de uma punição equitativa e proporcional na improbidade administrativa. Também nesta seara, afirmou que "publicidade no intuito de promoção pessoal importa em grave ofensa aos princípios constitucionais da legalidade, impessoalidade e moralidade, que, dentre outros, informam a boa administração".[70] Reconhecendo expressamente o direito fundamental à boa administração pública, o Tribunal o relacionou à confiança que deve existir entre os entes públicos e os administrados.[71]

De outro lado, é preciso que se façam temperos, para evitar exageros. Assim, a Administração Pública resultaria paralisada – e seus fins frustrados – se tivesse que, antes de tomar qualquer decisão,

---

[68] "[...] 6. Iniqüidade é tanto punir como improbidade, quando desnecessário (por atipicidade, p. ex.) ou além do necessário (= iniqüidade individual), como absolver comportamento social e legalmente reprovado (= iniqüidade coletiva), incompatível com o marco constitucional e a legislação que consagram e garantem os princípios estruturantes da boa administração [...] (REsp 892.818/RS, Rel. Ministro HERMAN BENJAMIN, SEGUNDA TURMA, julgado em 11/11/2008. Publicação: 10/02/2010).

[69] "[...] A sanção de perda da função pública deve ser aplicada dentro dos parâmetros disciplinados no art. 12, parágrafo único, da Lei de Improbidade Administrativa, quais sejam: a extensão do dano causado (não apenas ao Erário, mas ao patrimônio público lato sensu, isto é, aos bens e valores materiais e imateriais da boa Administração) e o proveito patrimonial obtido pelo agente" (AgRg no REsp 949.931/SC, Rel. Ministro HERMAN BENJAMIN, SEGUNDA TURMA, julgado em 18/12/2008. Publicação: 10/02/2010).

[70] "[...] 6. *In casu*, a imposição cumulativa das penas, na moldura delineada na legislação de regência – consistente na suspensão dos Direitos políticos no mínimo legal (3 anos), pagamento de multa civil de 2 (duas) vezes o valor da remuneração percebida pelo recorrente, de um total possível de 100, e a proibição de contratar com o Poder Público por 3 anos (sanção fixa para a hipótese do art. 11 da LIA), além da obrigação de repintar os móveis e imóveis -, afigura-se proporcional à prática do ato ímprobo apontado, mormente considerando que a "publicidade no intuito de promoção pessoal importa em grave ofensa aos princípios constitucionais da legalidade, impessoalidade e moralidade, que, dentre outros, informam a boa administração", conforme ressaltado na origem [...]" (AgInt no REsp 1573264/PB, Rel. Ministro GURGEL DE FARIA, PRIMEIRA TURMA, julgado em 16/02/2017. Publicação: 10/03/2017).

[71] "[...] 2. A situação descrita no acórdão recorrido malfere o princípio segundo o qual se deve proteger terceiros de boa-fé. Abala também a confiança que deve existir entre os administrados e o Poder Público, em ultima análise, viola o direito fundamental à boa administração pública. 3. Não é concebível que um cidadão que adquire um automóvel e se cerca de todas as providências cabíveis para conhecer da existência de possíveis gravames sobre o bem, que obtém uma certidão oficial de um órgão público no qual é atestado a inexistência de ônus, venha, posteriormente, a ser surpreendido com a importação de restrições pretéritas. Quando agiu desta forma, a Administração Pública violou uma das dimensões do princípio da confiança – quebrar as expectativas legítimas depositadas nos atos administrativos [...]" (REsp 1139486/DF, Rel. Ministro HUMBERTO MARTINS, SEGUNDA TURMA, julgado em 24/11/2009. Publicação: 07/12/2009).

avaliar de forma exaustiva todas as possibilidades, até porque muitas variáveis não são claras ou estão disponíveis para a tomada de decisão (ÁVILA, 2005). Não se confunda a boa administração – que demanda concatenação de esforços, definição de objetivos, planejamento de ações e emprego sinérgico de mecanismos de concretização adequados à busca de resultados positivos – com o atingimento da perfeição, com uma irreal Administração Pública ótima, a prescindir de controle (FRANÇA, 2017).

Outrossim, a busca do interesse público deve ser bem compreendida como a busca da satisfação dos direitos fundamentais. Deve-se a todo custo evitar, entretanto, cair no reducionismo de deificar "O" interesse público, indeterminável abstratamente, indescritível objetivamente, pois o que existem são interesses públicos (no plural), compostos também por interesses privados, que se descortinarão de forma dinâmica na complexidade do caso concreto (ÁVILA, 2007). Na complexidade da vida moderna, tem-se multiplicidade e conflitualidade de interesses públicos, "igualmente primários, igualmente dignos de proteção", o que reclama ponderação, na busca do *melhor* interesse público (BORGES, 2011, p. 14), ou seja, um "juízo de ponderação que preencha em definitivo o conceito indeterminado do interesse público – no caso, o do melhor interesse público a prevalecer" no caso concreto (p. 23). A definição do interesse público a ser protegido e perseguido pela Administração em cada caso não se dá apenas no plano normativo. É resultado de juízos de ponderação concreta entre direitos fundamentais conflitivos e outros interesses metaindividuais amparados na Constituição (BINENBOJM, 2005). O resultado deste processo de racionalização, de refinamento conceitual, de busca do ponto de equilíbrio ótimo entre metas coletivas e interesses individuais em jogo, foi denominado por Binenbojm (2005, p. 70) de "melhor interesse público". Importante também esclarecer que o patrimonialismo estatal – que deve ser combatido pelo direito fundamental à boa administração pública, sobretudo no que concerne aos princípios da impessoalidade e moralidade – embute privilégios e favoritismos particulares *ilegítimos*, não se confundindo com interesses (direitos) privados legítimos. Estes últimos são componentes intrínsecos e indissociáveis à própria noção de interesse público, e participam do sopesamento que vai lhes definir o conteúdo no caso concreto. A ideia de supremacia e indisponibilidade do interesse público cedeu lugar à supremacia e indisponibilidade dos direitos fundamentais (PESSOA, 2009).

Evidenciado está que nas últimas décadas a juridicização da boa administração pública encontrou guarida tanto na doutrina quanto na jurisprudência brasileira, entendida aquela como conjunto dos princípios e direitos que compõem o sistema constitucional administrativo previsto na Carta Magna de 1988 e irradiado sobre a legislação infraconstitucional. Nessa linha, clara está também a conexão entre o conceito de boa administração e a continuidade dos serviços públicos (esta frequentemente ameaçada nas transições de mandatos no executivo municipal). Mas afinal, existe mesmo um direito fundamental à boa administração pública?

3.4 Contrapontos

Em que pese a posição amplamente favorável da doutrina europeia ao direito à boa administração, existe também abalizada crítica. É o caso de Mário Aroso de Almeida e de Lucio Pegoraro, cujos argumentos sintetizam as consternações a respeito da figura jurídica em tela.

Almeida critica o direito à boa administração por não ver vantagem, de um ponto de vista técnico-jurídico, em sintetizar diversos direitos e garantias em um único suposto superdireito, preferindo a heterogeneidade a uma unidade abstrata e carente de operacionalidade. Para o jurista português, quando se traduz a boa administração para a linguagem de direitos subjetivos, o resultado é redutor e unilateral. Defende que a boa administração deve ser vista como princípio e não como um direito, pois não é suscetível de apropriação individual. Aduz que os direitos e princípios jurídicos devem ser vistos como uma parcela do que é necessário à boa administração. Investe contra um conceito estritamente jurídico de boa administração, que se esgota no respeito a regras e princípios jurídico-administrativos. Para o autor, no plano jurídico a boa administração não exige bons resultados, sendo conceito formalizado, instrumental, e não finalístico, portanto, disfunções que configuram má administração, mas não acarretam antijuridicidade. Defende um conceito amplo de boa administração, integrado por componentes jurídicos e não jurídicos, que deve assim equilibrar as exigências de eficiência com as de juridicidade, conciliando a perseguição ao interesse público com a proteção dos direitos e garantias fundamentais: dimensões da boa administração. Elenca como padrões não jurídicos de boa administração, entre outros, a continuidade e a flexibilidade dos serviços públicos. De outra banda, o mesmo admite que com os princípios da objetividade e da proporcionalidade ocorreu a juridicização de deveres, como o de cuidado ou de diligência administrativa (ALMEIDA, 2005).

Pegoraro, de sua parte, faz uma provocação no artigo nomeado "Esiste un "diritto" a una buona amministrazione? (Osservazioni critiche preliminari sull'(ab)uso della parola "diritto")". O italiano critica o abuso da palavra 'direito', a partir da constatação de que tal palavra é comumente confundida até mesmo por juristas, que a utilizam em seu sentido comum em vez do seu sentido técnico, jurídico. Considera que há confusão entre a linguagem especializada, científica, e a linguagem comum,[72] e explica que a denominação de direito subjetivo concede a uma pretensão uma intensa carga favorável, constituindo um instrumento retórico de forte eficácia persuasiva. Adverte, assim, para o fato de que a palavra 'direito' tem um sentido interno e um sentido internacional, até mesmo universal, sendo o constitucionalista, sensível a essas duas realidades, tendente a buscar uma conciliação, um "juízo de coerência"[73] entre o direito nacional positivo e a doutrina de referência. Esse entrelaçamento das fontes[74] tem várias formas de manifestação e complicam consideravelmente o jogo de linguagem, lembrando que no âmbito internacional há distintas famílias jurídicas, por exemplo, a *common law* e a *civil law*, que podem dificultar ainda mais a compreensão da pluralidade de significados que se amparam sobre o termo 'direitos'. Ainda adverte quanto a outras distinções que não podem ser olvidadas, como a que existe entre direito positivo e direito natural, ideal. Em seguida, problematiza a normatividade dos princípios, mas aceita que são fontes de direito, considerando uma acepção lata de fonte, ressaltando a contribuição da doutrina e da jurisprudência. Pergunta então: afirmar em uma Constituição ou em outra norma que existe direito a uma boa administração, desvinculada de obrigações correlativas e de sanções específicas, se resolve em mero programa político, ou ao contrário é possível aceitar que a palavra 'direito' seja em tal caso correta e adequada, à luz do uso que se faz, não na linguagem comum, mas na científica?[75].

---

[72] "l'imprecisione com cui il termine è spesso usato dai costituzionalisti denuncia la commistione del linguaggio tecnico con quello comune" (PEGORARO, 2010, p. 548).

[73] "giudizio di coerenza". (*Op. cit.*, p. 550).

[74] "l'intreccio dei formanti" (*Op. cit.*, p. 552).

[75] "affermare in una Costituzione, o in un statuto regionale, o in un trattato, che esistono "diritti" [...] a uma "buona amministrazione", disgiunti da correlativi obblighi neppure sanzionabili politicamente, oltre che da qualsivoglia diritto di azione, si risolve in mero proclama politico, o viceversa possiamo accettare che la parola "diritto" sia in tal caso corretta e adeguata, alla luce dell'uso che se ne fa, non giá nel linguaggio comune, ma in quello scientifico?" (*Op. cit.*, p. 558).

Prossegue: Seria possível pensar na criação de um Estado ou qualquer organização associativa, para ser mal administrada? Responde que não, e conclui, portanto, que o chamado direito a uma boa administração nada mais é do que o escopo mesmo para que (e sobre o qual) se funda o ente.[76] Diz ainda que nos ordenamentos democráticos liberais o 'direito a uma boa administração' não concretiza uma norma, nem qualquer princípio, que já não tenha sido expresso com outras fórmulas mais ou menos específicas, enunciadas nos vários níveis normativos dos sistemas positivos, como a divisão de Poderes, o princípio da razoabilidade, do justo processo, de participação social, obrigação de motivação, entre outros. Acredita que onde esses princípios tradicionais já estão enunciados, reconhecer o direito a uma boa administração pode se reduzir a um exercício meramente emotivo e simbólico. Ressalva, entretanto, que esse arremate se dá em uma análise estática.[77] Sendo assim, de uma ótica dinâmica, a formalização do direito a uma boa administração segue um percurso normal, resultado de uma dialética entre norma e cultura, esta representada pela doutrina e jurisprudência. Essa relação é complexa: por um lado o legislador importa para o ordenamento positivo institutos anteriormente discutidos na doutrina ou em juízo, e por outro, a doutrina e a jurisprudência desenvolvem e ampliam conceitos normatizados, elastecem por analogia a sua aplicação, abrangendo e protegendo novas situações. Admite portanto – mesmo ressaltando sempre o abuso da palavra 'direito' – que a classificação da boa administração como direito pode surtir efeitos dinâmicos a serem criados ou descobertos pela doutrina e jurisprudência.[78]

Poder-se-iam agrupar as objeções em três tipos: 1) linguística: como fórmula-sintética, o direito à boa administração é reducionista, meramente simbólico, retórico; 2) técnica: a rigor, não é direito, pois não é exigível nem suscetível de apropriação individual, não correspondendo à obrigação específica sancionável, e alberga componentes extrajurídicos, como eficiência, continuidade; 3) pragmática: como nada agrega aos princípios administrativos tradicionais, o princípio da boa administração seria inútil.

[76] "Quindi il diritto a una buona amministrazione è semplicemente e ovviamente il diritto a essere amministrati nel migliore modo possibili, cioè coincide com gli stessi scopi per cui (e su cui) si fonda l'ente" (*Op. cit.*, p. 561).

[77] "prospettiva statica" (*Op. cit.*, p. 562).

[78] "La classificazione può sortire effetti dinamici, consentire l'espansione della protezione di cittadini e di altri soggetti a nuove situazioni che via affioreranno e che saranno reputate degne di essere tutelate" (*Op. cit.* p. 565).

Em relação à acusação do primeiro tipo, parece ignorar por completo os meandros e funcionalidades da linguagem. Sabe-se que a síntese traz em si evidentes vantagens linguísticas, aumentando consideravelmente a compreensão de um sistema como um todo, maximizando a interação entre suas partes, favorecendo a coerência de resultados, facilitando a sua utilização em um discurso, com todas as consequências disso extraídas. Enfim, não são poucas as vantagens da síntese, nem se pretende exauri-las aqui, cumprindo esclarecer que síntese não implica rejeição de análise. O sintético e o analítico não se excluem: complementam-se. Sendo assim, seria de se aceitar a crítica tão somente se a expressão 'boa administração' fosse em si problemática e levasse a enganos, mas não é esta a objeção que lhe é feita, e não é este o caso.

Quanto às críticas do segundo tipo, são válidas em princípio preocupações com o abuso da palavra 'direito', que também ocupam o pensamento de juristas brasileiros, havendo quem se refira à atualidade como a "*era da abundância*", em que há direito para tudo (NALINI, 2016, p. 477), e quem advirta que o intérprete precisa agir com bastante cautela para que a ampliação de direitos fundamentais não seja inflacionada a ponto de desvalorizá-los (SARLET, 2010), até porque os direitos têm custos.

Entretanto, se de um lado é verdade que deve haver parcimônia na criação de novos direitos, a carapuça não serve ao direito à boa administração, que como já se viu, é fruto de paulatina e cuidadosa construção, que acompanhou o progresso da normatividade dos princípios constitucionais, no transcurso de todo o século XX.

Percebe-se que as críticas à qualificação da boa administração pública como direito fundamental partem de uma compreensão conceitual equivocada de norma jurídica e, consequentemente, de expectativas inapropriadas. As dificuldades de concretizar e acionar individualmente o direito à boa administração não podem ser confundidas com a inexistência do direito. A efetividade de uma norma constitucional, ou seja, a atuação prática da norma, não é necessariamente perfeita (talvez nunca o seja). Ela se dá por aproximação, ou seja, o ser e o dever-ser se aproximam até o limite do possível (BARROSO; BARCELLOS, 2005). Isso é da própria natureza das coisas, e não afeta o plano de existência da norma.

No mais, como se viu, a realização dos princípios é sempre parcial. O âmbito de proteção de um direito fundamental é apenas a definição do que é protegido *prima facie*, passível, pois, de regulamentação e de restrições (SILVA, 2017). Essa complexidade não desqualifica o princípio como "direito", palavra esta que, se bem compreendida, possui considerável latitude.

Outrossim, não é de hoje que a Análise Econômica do Direito (AED) alerta que a promoção e a defesa dos direitos têm custos, pois as demandas sociais são imensas e os recursos escassos (OLIVEIRA, 2013). Para que os direitos sejam mais do que "promessas piedosas", sua realização e proteção pelo Poder Público exigem recursos financeiros (NABAIS, 2015, p. 20). Entretanto, em uma visão mais alargada dos custos, o reconhecimento do direito à boa administração e sua concretização por meio de um controle eficaz de gastos, traz economia aos cofres públicos.

No mais, não é certo que a exigibilidade da boa administração não possa ser acionável pelos administrados. Otto Bachof, por exemplo, afirmou que embora caiba primeiramente à Administração impor as exigências do interesse público e do bem comum, os agentes privados, em certa medida, têm o direito de, na concretização desses conceitos, fazer valer judicialmente os seus interesses (BACHOF; STOBER; WOLFF, 2006). Essa também é a opinião de Sabino Cassese (2011), que como já se viu, afirma que a boa administração pública atingiu o estágio um direito individualmente acionável. O argentino Agustín A. Gordillo (2012), discorrendo sobre os limites relativos (não objetivos) dos atos discricionários (mau uso da discricionariedade, por capricho, abuso ou desvio de poder) – embora não reconheça direito subjetivo propriamente dito – admite a existência de direito reflexo, se a prestação exigível for negativa. Assim, quem tem interesse pessoal e direto pode requerer individualmente a anulação do ato abusivo. Além da sanção ao ato, há, a depender do caso, sanção ao agente.[79]

Assim, a afirmação da boa administração como direito é consequência lógica do dever do administrador de bem exercer sua função, e da consciência de que os entes públicos existem para servir à comunidade (DELPIAZZO, 2014). Cabe a pergunta: neste caso, a quem interessaria um conceito restritivo da palavra 'direito'?

---

[79] No Brasil, perceba-se que a Lei de Improbidade Administrativa (Lei nº 8.429/92) sanciona a ofensa à boa administração, elencando dilatado rol de condutas lesivas, inclusive atos que atentem contra os princípios da Administração Pública (art. 11), aplicando severas penalidades aos responsáveis, como ressarcimento ao erário, perda da função pública, suspensão temporária de direitos políticos, multa, proibição de contratar com o Poder Público e de receber benefícios e incentivos fiscais ou creditícios (art. 12), sem prejuízo de eventuais sanções penais.

Quanto ao argumento, ainda do segundo tipo, de que a boa administração alberga componentes extrajurídicos, não procede. Atualmente não se discute que a eficiência e, por consequência, o da continuidade, são princípios jurídicos (no Brasil, inclusive, com previsão expressa na legislação).[80] Os diversos aspectos relacionados à eficiência administrativa, incluindo controle de resultados, foram, pois, juridicizados.

No que consiste aos aspectos pragmáticos (terceiro tipo de objeção), a utilidade da consagração de um conceito-síntese, dotado de exigibilidade, que confere sistematicidade aos princípios e direitos dos administrados, pode ser extraída das explanações acima. A síntese, ao agrupar as partes, formando um todo, inova, constituindo em si uma nova ferramenta de trabalho do jurista em prol do bem comum, contra abusos e omissões de agentes estatais.

Em suma, as críticas feitas ao direito à boa administração partem de uma concepção inadequada tanto do fenômeno jurídico quanto do processo linguístico que lhe é inerente, ou negligenciam os efeitos práticos do direito fundamental em tela. Efeitos da maior relevância podem ser encontrados na sua influência sobre os controles da Administração Pública.

De fato, o tema da boa administração conduz inevitavelmente ao dos controles administrativos. É o que será tratado doravante, já com um olhar nos desafios próprios da transição no executivo municipal.

---

[80] **Art. 37 da CF/88.** A administração pública direta e indireta de qualquer dos Poderes da União, dos Estados, do Distrito Federal e dos Municípios obedecerá aos princípios de legalidade, impessoalidade, moralidade, publicidade e **eficiência** e, também, ao seguinte: [...]
Art. 6°, §1° da lei 8987/95: Serviço adequado é o que satisfaz as condições de regularidade, **continuidade, eficiência**, segurança, atualidade, generalidade, cortesia na sua prestação e modicidade das tarifas. [...]

CAPÍTULO 4

CONTROLES DA ADMINISTRAÇÃO PÚBLICA

Os parâmetros constitucionais estabelecem a distinção entre Direito, Política e Administração (NEVES, 2011). Os controles da Administração Pública, legitimados na Constituição, são pressupostos do Estado de Direito (MARTÍNEZ, 2013). O reconhecimento do direito fundamental à boa administração pública, implicitamente albergado na Carta Magna brasileira, fornece o instrumental normativo, de natureza predominantemente principiológica, necessário ao exercício de um bom controle público, também compreendido como direito fundamental, orientando no sentido de uma progressiva integração entre os múltiplos controles, em busca de maior eficiência.

O bom controle público, principiologicamente orientado, exige adaptabilidade das estratégias de ação em conformidade com as particularidades do objeto a ser controlado (ductilidade), o que pressupõe maturidade autopoiética do sistema jurídico, consistente na sua disposição para aprender com o meio (abertura cognitiva) e evoluir a partir de seus próprios elementos, sem influências indevidas (fechamento operacional), resultando em variados níveis de intensidade de controle, tanto material (graus de discricionariedade) quanto procedimental, equilibrando adequadamente sofisticação e operacionalidade.

A intensidade material, ou substancial, deve levar em conta não apenas a natureza da decisão controlada, mas também as circunstâncias históricas e/ou contingenciais as mais variadas e a comparação entre as instituições concretamente envolvidas. O ajuste procedimental precisa equacionar demandas e administrar escassez de tempo e recursos humanos, em busca da maior eficiência preventiva possível e da adoção de postura adequada dos agentes controladores, atuando de forma tempestiva e integrada.

O controle dos procedimentos administrativos e os procedimentos de controle são importantes na medida em que funcionam como critério de legitimidade, não sendo incompatíveis com uma normatização principiológica. Pelo contrário, o bom controle público, visto como um princípio, tem a pretensão de fornecer novo paradigma de legitimação da atuação dos controladores, ampliando sua base de aceitação social, alterando papéis e expectativas, aperfeiçoando o funcionamento dos sistemas jurídico e político.

O bom controle público deve ser, além de integrado e flexível, tecnológico. Os ganhos de saber, velocidade e eficiência dos órgãos controladores, decorrentes das mudanças tecnológicas, acarretam aumento da intensidade de controle e impõem nova postura aos agentes responsáveis.

4.1 Controle ou controles da Administração Pública?

A primeira inquietação que se apresenta é sobre a correção de se falar em controle jurídico, em uma acepção forte do termo. À luz do que foi visto acerca da teoria dos sistemas, notadamente sobre a progressiva autopoiese dos sistemas sociais, é correto dizer: o Direito controla outro subsistema social? Ou seria mais realista falar em "la utopia del control público"? (IVANEGA, 2009, p. 211).

A correta compreensão desta dificuldade é fundamental para o ajuste das expectativas e busca de um controle adequado. Como já se disse acima, a visão do Direito como sistema autopoiético de Teubner (1989) é a que melhor enfrenta a questão da regulação do meio pelo Direito, através de mecanismos de intervenção intersistêmica, com observações sistêmicas mútuas ou por articulação pela interferência. Para aumentar suas chances de sucesso, o sistema jurídico deve ter maturidade para aprender o máximo sobre o subsistema social regulado. Só assim será possível reduzir o crônico déficit de normatividade do sistema jurídico brasileiro.

Outra questão que se impõe é a de saber se é correto tratar o controle da administração pública como uma unidade. Ou seja, devemos falar em controle ou controles? Não se discute que é desejável a interação entre as entidades de controle, mais precisamente, sua inter-relação em nível político-institucional, normativo, organizacional e técnico (LIMA, 2009). Mas esse dever-ser é capaz de transformá-los de fato em uma unidade empírica e teórica?

Ao tratar do controle da Administração Pública no contexto mexicano, Horacio Castellanos Coutiño se corrige: "entre paréntesis, me parece más propio referirse como a los controles sobre la administración pública".[81] Não se trata, entretanto, de mero parêntese. Essa pluralidade e a complexidade sistêmica dos controles administrativos precisam ser reconhecidas, frisadas, e levadas em conta pelas instituições controladoras em suas estratégias.[82] A Administração Pública está sujeita, em verdade, a uma *multiplicidade de controles* (FERREIRA JUNIOR, 2015b).

Loewenstein (1976) também se refere a "controles" do poder político e à Constituição como dispositivo de controle de poder. Classifica os controles em horizontais (*intraórganos* e *interórganos*) e verticais. Os controles horizontais seriam os exercidos pelos detentores do poder (incluindo o controle social, exercido pelo cidadão). Os controles verticais são os decorrentes do federalismo, direitos fundamentais e pluralismo (grupos de interesse).

Há quem defenda a seguinte tipologia dos controles, quanto ao agente controlador: intraorgânico ou interno (controladoria, ouvidoria, poder hierárquico, autotutela), e externo: interorgânicos (*checks and balances*, Executivo, Legislativo e Judiciário) e extraorgânicos (Tribunais de Contas, Ministério Público, sociedade civil organizada, cidadão, *ombudsman*, imprensa) (BLIACHERIENE, 2016).

De outro lado, Juarez Freitas (2004) refere-se a quatro *vertentes* do controle: judicial, externo, interno e social, e embora advirta que o sistema de controle deve ser compreendido na sua complexidade, utiliza o termo "controle integrado", referindo-se aos diversos tipos de controle (FREITAS, 2013, p. 428). Essa integração, no entanto, para não ficarmos na ilusão, deve ser entendida como uma *meta* a ser progressivamente implementada, e a pluralidade de controles, um fato. Se a realidade (*sein*) força a reconhecer uma pluralidade de controles da Administração Pública, a meta (*sollen*) é a coordenação e eficaz troca de informações entre os organismos de controle, viabilizando a precoce detecção de erros e atos de corrupção (IVANEGA, 2009), por meio de "redes de monitoramento" (ALCÂNTARA, 2012, p. 119).

No Brasil, a Lei nº 4.320/64, em seus arts. 75 a 80, teria sido a primeira a usar a expressão 'controle interno', diferenciando-o do externo. O art. 77 diz que o controle interno deve ser prévio, concomitante e subsequente. Ele não apenas se relaciona a contabilidade e finanças,

---

[81] COUTIÑO, *El control de la administración pública*, p. 59.

[82] A própria coordenação dos poderes é complexa: composta por numerosos enlaces, relações de cooperação, intervenção, oposição e controle (HESSE, 1995).

mas abarca todos os aspectos da atuação administrativa, como a organização do trabalho, adequação dos procedimentos e dos resultados alcançados. Controla a legalidade, legitimidade, economicidade, eficácia e eficiência, compreendendo fiscalização financeira, orçamentária, contábil, operacional e patrimonial (ALCÂNTARA, 2012). Seu bom funcionamento é da maior importância, vez que os modernos esquemas administrativos não se coadunam, em regra, com um controle obrigatório prévio externo, burocratizante. Assim, o controle prévio, com suas vantagens inibitórias, se enquadra melhor nas estruturas de controle interno (IVANEGA, 2009).

Por sua vez, o art. 74, IV da Constituição Federal de 1988, aplicável aos municípios por força do art. 75, diz que os poderes estatais devem manter sistema integrado de controle interno, entre outras razões, para "apoiar" o controle externo.[83] A Lei de Responsabilidade Fiscal (LC nº 101/2000) o prevê em seu art. 59.[84] Ele deve abranger todos os níveis da Administração Pública, incluindo os atos do gestor maior do ente (ALCÂNTARA, 2012). Especificamente em relação aos municípios, vale conferir o art. 31 da Carta Magna brasileira.[85]

Controle interno é, pois, o conjunto de princípios, métodos e procedimentos implantados e executados por uma organização para o fim de alcançar com o máximo de segurança suas diretrizes e objetivos. Para tanto, faz-se necessário um adequado ajuste entre os objetivos institucionais e sua realidade técnico-operacional (BLUMEN, 2015).

Os controles internos *strictu sensu* são as controladorias. Os controles internos *lato sensu* são os relativos a autotutela, poder hierárquico e disciplinar, e ouvidoria. Estas últimas asseguram canais de diálogo com o cidadão, promovendo uma abertura da Administração Pública para receber elogios, reclamações, solicitações e sugestões, bem

---

[83] "Art. 74. Os Poderes Legislativo, Executivo e Judiciário manterão, de forma integrada, sistema de controle interno com a finalidade de: [...]
IV – apoiar o controle externo no exercício de sua missão institucional.
§1º Os responsáveis pelo controle interno, ao tomarem conhecimento de qualquer irregularidade ou ilegalidade, dela darão ciência ao Tribunal de Contas da União, sob pena de responsabilidade solidária. [...]
Art. 75. As normas estabelecidas nesta seção aplicam-se, no que couber, à organização, composição e fiscalização dos Tribunais de Contas dos Estados e do Distrito Federal, bem como dos Tribunais e Conselhos de Contas dos Municípios. [...]"

[84] "O Poder Legislativo, diretamente ou com o auxílio dos Tribunais de Contas, e o sistema de controle interno de cada Poder e do Ministério Público, fiscalizarão o cumprimento das normas desta Lei Complementar [...]"

[85] Art. 31. A fiscalização do Município será exercida pelo Poder Legislativo Municipal, mediante controle externo, e pelos sistemas de controle interno do Poder Executivo Municipal, na forma da lei.

como apresentar informações e respostas. Exercem função mediadora entre a Administração Pública e o controle social (BLIACHERIENE, 2016).

Os princípios do controle interno são: relação custo-benefício (seletividade); capacitação e rodízio de funcionários; segregação de funções; formalização das instruções; atualização, organização, mineração e disponibilização permanente da base de dados em formato inteligente, tempestivo e útil para o planejamento e tomada de decisão; aderência a diretrizes e normas legais (conformidade). Suas macrofunções são: organização administrativa, jurídica e técnica; procedimentos e métodos; sistemas de informação contábil, orçamentárias e gerenciais; recursos humanos e sistema de acompanhamento e monitoramento (BLUMEN, 2015).

O sistema de controle interno de um ente público abrange oito componentes inter-relacionados: ambiente de controle (filosofia, comportamento ético e estrutura organizacional); fixação de objetivos (alinhados e mensuráveis); identificação de eventos (técnicas para identificação de eventos internos e externos relevantes para a organização); avaliação de riscos (duas variáveis: probabilidade e impacto); resposta ao risco (evitar, reduzir, compartilhar ou aceitar); atividades de controle; informação e comunicação (fluxo vertical e horizontal); monitoramento (avaliação permanente da qualidade e desempenho das atividades de controle) (BLUMEN, 2015).

Entretanto, a previsão normativa e a estruturação formal dos órgãos de controle interno têm se mostrado insuficientes a garantir a independência de fato deste órgão e sua interação com o controle externo (LIMA, 2009). O controle interno deve, em teoria, apoiar o controle externo (FREITAS, 2004), porém, na prática, a relação entre controles externos e internos tem se revelado bem mais complexa, variando em diversos graus entre a colaboração e a oposição. As procuradorias, por exemplo, devem proteger o interesse público (primário) e a conformidade jurídica da atuação administrativa, e não interesses secundários da administração (MARTINS, 2015), mas isso só se torna realidade se os procuradores do ente público forem de carreira, sob pena de se converterem na prática, muitas vezes, em advogados do gestor.

Além do controle interno, fundamental a existência de controles externos realizados por instituições independentes (ROSE-ACKERMAN, 2001). Assim, no Brasil, a atividade administrativa é fiscalizada por outros órgãos, entre eles, o Poder Legislativo, com auxílio do Tribunal de Contas, o Ministério Público e o Poder Judiciário.

Os Tribunais de Contas exercem controle externo de caráter técnico, abrangendo controle operacional (avaliação de desempenho), dos aspectos de legitimidade e economicidade, verdadeiro controle de juridicidade (SCHOENMAKER, 2011). Têm função opinativa (emitem pareceres prévios em contas de governo), consultiva, corretiva, orientadora, mas também julgam contas de gestão e recursos (BLIACHERIENE, 2016). Não são simples órgãos de assessoramento do legislativo, pois, além de gozar de autonomia fiscalizatória, exercem funções constitucionais próprias, inclusive de julgamento (FERNANDES, 2016). O controle dos tribunais de contas deve ser interativo e tecnológico, exercido com maior sinergia com os demais controladores, priorizando uma fiscalização preventiva ou concomitante, sem prejuízo da sucessiva (FREITAS, 2004).

Outrossim, o Ministério Público, com sua atual feição constitucional, é agente controlador da Administração Pública, quer por sua legitimação para impulsionar o controle judicial, quer em razão do instrumental extrajudicial à sua disposição (requisições, notificações, recomendações, representações, termos de ajustamento de conduta) (BLIACHERIENE, 2016). Tem legitimidade para atuar na defesa de direitos dos destinatários da prestação de serviço público.[86] Também merece menção, por seu importante papel, o Ministério Público que atua junto aos Tribunais de Contas (BLIACHERIENE, 2016).

Em relação ao controle exercido pelo Poder Judiciário, cabe a contextualização: na França, o princípio da separação de Poderes, interpretado de acordo com as tradições e circunstâncias históricas daquela nação, resultou no sistema do contencioso administrativo, que carrega uma clara opção de fortalecer o Poder Executivo. Diante da inviabilidade de um administrador-juiz, esboçou-se no seio da Administração Pública, após a divisão de Poderes, uma nova divisão, entre a função administrativa e a função jurisdicional. Esta escolha seguiu a lógica dos revolucionários de 1789, os quais temiam que o novo governo fosse obstaculizado pelo parlamento e Poder Judiciário. Após, a prática foi gradativamente legitimando e aperfeiçoando aquela opção no contexto da cultura jurídico-política francesa (RIVERO, 1981). O modelo francês foi seguido por várias nações, mas no Brasil vigora o sistema judicial (ou inglês), em que o Poder Judiciário, quando

[86] Nesse sentido, a Súmula nº 601 do STJ: "O Ministério Público tem legitimidade ativa para atuar na defesa de Direitos difusos, coletivos e individuais homogêneos dos consumidores, ainda que decorrente da prestação de serviço público."

provocado, exerce o controle da Administração Pública, podendo anular atos administrativos em razão de vício de juridicidade.

Constata-se, então, que coabitam no sistema jurídico brasileiro uma gama de controles, com características institucionais distintas, mas missões confluentes, ao menos em teoria. A rigor, a diversidade de controles administrativos é consequência da própria variedade de conteúdos do conceito de boa administração.[87] Conectar progressivamente essa multiplicidade em rede, de modo a integrar suas capacidades, com ganho de sinergia e eficiência, é uma exigência do princípio de boa administração e um pressuposto para se atingir um bom controle público.

4.2 Boa administração e bom controle público

Na segunda metade do século XX, a projeção da dimensão principiológica do Direito Constitucional debilitou a legalidade estrita, deslocando considerável parcela da produção jurídica, do Legislativo para o Executivo e Judiciário (OTERO, 2007). O mito da perfeição da lei foi demolido, desmistificada a "omnipotência do Direito Escrito" (p. 719). A lei perdeu o seu "monopólio habilitante" da atividade administrativa, não sendo mais imprescindível a mediação legislativa, pois a Constituição passou a ser compreendida como uma carta jurídico-política que irradia efeitos diretos e imediatos aos três Poderes. Houve assim verdadeira emancipação da Constituição em face da lei, no seu relacionamento com a Administração Pública, com alto grau de autovinculação normativa, atuando o administrador de forma decisiva na gestação, interpretação e concretização das normas. Entretanto, se a heterovinculação legal foi desmistificada e enfraquecida, a Administração Pública está sujeita a controles externos e internos, que tem a capacidade de aperfeiçoar o sentido da vinculação à juridicidade. Um dos sintomas do moderno Direito Administrativo é, assim, a jurisdicionalização da função administrativa.

Nesta senda, o Direito Administrativo é composto não apenas por normas, mas também pela cultura jurídica (teorias, interpretações e práticas) relativa à organização e controle da Administração Pública, bem como à proteção de direitos dos administrados (SUNDFELD, 2014). É instrumento de controle do poder, ou seja, tem como função primordial evitar o abuso de poder e impedir a corrupção (MARTINS, 2015).

---

[87] "La buona amministrazione, proprio per la ricchezza e varietà dei suoi contenuti, ha organi di controllo diversi" (CASSESE, 2011, p. 9).

A Administração Pública atua em continuada interação com o Ministério Público, Judiciário e outros controles (a exemplo dos tribunais de contas), elaborando regulamentos, construindo práticas e entendimentos jurídicos, enfim, uma história, que é captada pelo Direito Administrativo. Seria fictício, a esta altura, ignorar esse complexo e refinado processo em nome de uma tradicional separação de Poderes e do velho princípio da legalidade (SUNDFELD, 2014).

Os controles, se bem aplicados, funcionam como força corretiva, capaz de conferir relativa estabilidade e equilíbrio sistêmicos, em face de inevitáveis desvios ocasionais (RAWLS, 1993). A rigor, os controladores são os positivadores últimos do Direito Administrativo (FREITAS, 2004), os promotores e garantidores do direito fundamental à boa administração pública, cuja concretização exige uma fiscalização mais eficiente e racional, ou seja, um *bom controle público* (FERREIRA JUNIOR, 2015b).

A proteção do direito à boa administração por meio de órgãos de controle se impõe, vez que a dissuasão de comportamentos indesejados depende em grande medida da probabilidade de detecção e sanção (FERREIRA JUNIOR, 2001). No mais, normalmente o indivíduo tem uma condição de fato assimétrica em relação ao ente público (IVANEGA, 2009), razão pela qual os direitos fundamentais, se pretendem ser eficazes, reclamam o acompanhamento por parte das instituições, de modo a viabilizar sua materialização na prática (LIMA; ALMEIDA, 2011). Isso pode significar remodelação da instituição em si, ou de suas estratégias de atuação. Tal constatação vale não apenas para as instituições encarregadas de "entregar" os direitos, mas também às de controle, que possuem papel fundamental na concretização constitucional. Controles eficazes são capazes de, em médio prazo, promover o resgate da credibilidade social dos entes estatais (IVANEGA, 2009), funcionando os controladores como avalistas do princípio da confiança institucional (FREITAS, 2004).

Desse modo, os controladores devem resguardar, por meio de *atuação substancialista*, o rol dos princípios constitucionais e o primado dos direitos fundamentais. Ou seja, a atividade de controle deve ser *principiologicamente orientada* (OTERO, 2007). Pode-se mesmo falar em um "princípio do controle", tão importante quanto o próprio serviço público controlado (DAL POZZO, 2012, p. 109). Possuindo natureza principiológica, os controles da Administração Pública não terão a rigidez típica das regras. Aplicar-se-á sobre eles o princípio da proporcionalidade: os controles deverão ser adequados, necessários e proporcionais em sentido estrito, o que exige adaptabilidade e diversidade de graus de intensidade a partir da experiência concreta.

Nesta linha, como os controles são essenciais à proteção e concretização dos direitos fundamentais, dentre eles o da boa administração pública (KOHLS; LEAL, 2015), e considerando que este direito reclama evolução no controle, modelação de novo paradigma, isto implica o reconhecimento do *direito fundamental a um bom controle público*, norma implícita e de eficácia imediata no sistema constitucional brasileiro (FERREIRA JUNIOR, 2015a), decorrente do regime e dos princípios constitucionais (FERNANDES, 2016).

Sobre o bom controle público, pode-se acrescentar: abrange legalidade e legitimidade; é reativo e proativo; é inteligente e racional; seletividade de análise, eficiente, sem formalismo exagerado; com integração, coordenação e compartilhamento entre instituições; moderno e tecnológico; desenvolve competências para responder adequadamente a novos desafios (FERREIRA JUNIOR, 2015a).

A ideia de bom controle público pressupõe redimensionamento material e redefinição procedimental. O primeiro sugere: fomento de boas práticas; *soft power* (mecanismos de controle consensual); controle preventivo; foco na qualidade das políticas públicas, desde a função legiferante e regulatória, participação na elaboração do orçamento; controle da boa realização das despesas (qualidade dos gastos); controle da arrecadação (boa receita pública: justiça fiscal, combate à sonegação); uso de indicadores, análise histórica e comparativa, com dados coletados em fiscalizações (FERREIRA JUNIOR, 2015a).

A segunda implica: reforço orgânico na prevenção e combate à corrupção; abordagem interinstitucional – integração, articulação, coordenação e harmonização de esforços; compartilhamento de conhecimentos e bases de dados; estruturação de redes de relacionamento; atividades conjuntas de controle; ações de capacitação; estratégias conjuntas; fortalecimento do controle social; promoção de cultura de inteligência institucional. Essa nova *postura* decorre diretamente da força normativa da Constituição (FERREIRA JUNIOR, 2015a).

Outrossim, o Estado de Direito impõe, para sua plena efetividade, uma *renovação de posturas*, tanto do cidadão, quanto da sociedade civil e dos poderes públicos (FERREIRA, 2017). Indispensável uma adequação da postura não apenas institucional, mas dos agentes controladores, pois, além de exigências normativas, a independência é também uma atitude mental e um critério de atuação profissional. O agente controlador deve ser *e parecer* imparcial, ou seja, sua conduta pública e privada deve ser tal que reflita sua objetividade e impessoalidade, não dando margem a dúvidas acerca de sua independência (IVANEGA, 2009). Os controladores devem ter comportamento moderado, avesso a excessos (FREITAS, 2004).

Por fim, cabe ressaltar que o bom controle público é aquele que encontra a sua justa medida e intensidade concreta desejável, que não sufoca a boa administração pública, que não traz pretensões imperialistas do sistema jurídico em detrimento do político, que busca o equilíbrio desejável entre a Política e o Direito, fomentando a evolução e amadurecimento de ambos os sistemas, viabilizando uma Administração Pública proba e eficiente. O excesso de controle, assim como sua insuficiência, é bastante nocivo, gera distorções democráticas, e indica imaturidade sistêmica.

4.3 Ductilidade dos controles da Administração Pública

A ductilidade[88] (flexibilidade) dos controles da Administração Pública é uma necessidade de ordem prática que decorre do próprio caráter dúctil do Direito moderno, assentado em Constituição de linguagem essencialmente principiológica. O sistema jurídico possui uma *conformação plástica*, resultado da normatividade dos princípios (FREITAS, 2004). Também os controles, por consequência, necessitam de plasticidade de decisão e de atuação.

Não é exagero falar no princípio da flexibilidade dos controles, que implica a possibilidade de ajustamento ao contexto, mudanças e novos paradigmas (FERNANDES, 2016), corolário do princípio da eficiência, que norteia não apenas a distribuição das competências e o exercício da atividade administrativa, mas também dos controles, na contenção do poder público (MOREIRA NETO, 1998). Assim, a estrutura, composição e provimento dos órgãos precisam ser adaptados ao cumprimento de suas funções (HESSE, 1995), mas não apenas isso: indispensável sua adaptabilidade funcional (substancial e procedimental).

Com efeito, os controles da Administração Pública precisam encontrar sua medida ótima, caso a caso, pois sua insuficiência (ou excesso) aumenta os custos de transação e gera assimetrias, que podem acarretar instabilidade sistêmica (FRANÇA, 2017), de modo que a

[88] Termo que ganhou notoriedade com a tradução para o espanhol do termo italiano "mitezza", utilizado na obra *Il diritto mite* (ZAGREBELSKY, 1992), intitulada na versão espanhola 'el derecho dúctil' (ZAGREBELSKY, 2005).

intensidade do controle não pode ser branda ao ponto de se restringir à aparência de regularidade formal do ato controlado (FREITAS, 2004), nem excessiva, paralisante, burocratizante (a intensidade do controle não pode ser tamanha a transformar o controlador em cogestor) (FERREIRA, 2017).

Os controles devem encontrar seu ponto ótimo (nivelação adequada), pois se por um lado a omissão e insuficiência são perniciosas, de outro, o exagero embute o perigo de esterilização da democracia. Os agentes controladores devem ter alguma autocontenção, evitando "pretensões perfeccionistas" (MORAIS; BRUM, 2016, p. 92).

É fundamental que a intensidade de controle, em cada caso, leve em conta as particularidades *concretas* do objeto a ser controlado (e seu contexto). Ora, a própria amplitude da motivação varia de acordo com as particularidades e natureza do ato a ser adotado (CELONE, 2017). Obviamente, a densidade e extensão do dever de motivar já acarretam, em si, reflexos sobre a intensidade dos controles.

Portanto, para definir a intensidade de controle, faz-se necessária prévia individualização dos objetos de controle, levando em conta a relevância e atualidade dos atos administrativos, a existência de zonas de risco, os resultados dos controles anteriores, a fim de definir estratégias e prioridades moldadas a melhor atender ao interesse público,[89] *equilibrando adequadamente sofisticação e operacionalidade* (JORDÃO, 2016, p. 42). Tal definição abrange a intensidade material, pertinente aos graus de discricionariedade dos atos controlados, e a procedimental.

4.3.1 Graus de discricionariedade do administrador público e redefinição de mérito administrativo

A doutrina brasileira clássica divide os atos administrativos em vinculados e discricionários. E ensina que o mérito, enquanto aspecto situado no sentido político do ato administrativo discricionário, é insindicável pelo Poder Judiciário, pois o binômio 'conveniência e oportunidade' compreende aspectos atinentes à boa administração, ao acerto da decisão, sua justiça, utilidade, equidade, razoabilidade e

---

[89] "Preliminare ad ogni analisi dei sistemi è evidentemente la fase di individuazione dei temi di controllo (in base all'importanza o attualità della misura da controllare, all'esistenza di zone a rischio di irregolarità o frode, ai risultati di controlli precedenti, alle priorità espresse dall'autorità di bilancio ed al loro inserimento nell'ambito di una programmazione" (CLEMENTE, 2008, p. 11).

moralidade, ficando o controle judicial restrito à "estrita aplicação da lei" (FAGUNDES, 1951, p. 13).

Essa visão tradicional, estática e dicotômica, ficou seriamente comprometida com o advento da centralidade dos princípios e da ideia de juridicidade. Não é de hoje que a doutrina estrangeira, a exemplo de Otto Bachof, reconhece que toda a produção jurídica, normativa ou concreta, se situa entre a plena liberdade e a estrita vinculação (BACHOF; STOBER; WOLFF, 2006), e que o *grau de vinculação* resulta do conteúdo linguístico das normas jurídicas, do qual se extraem as margens de apreciação e de atuação, essenciais a uma atuação administrativa dinâmica, flexível e inovadora, apta à concretização dos direitos fundamentais. Portanto, se é correto que o controle jurisdicional deve ser realizado por meio de padrões jurídicos, não menos exato é o dever do tribunal de verificar se o administrador realizou uma apreciação adequada e objetiva, levando em conta todos os aspectos relevantes. A discricionariedade, nesse sentido, é vista como compatível com o Estado de Direito, desde que bem dimensionada para promover a justiça do caso concreto, usada em prol da finalidade da autorização. Os espaços de atuação da Administração, nessa linha, objetivam a concretização de normas abertas, o que exige ponderação de interesses e valores, sendo ilegítimo o exercício da discricionariedade quando acarretar violação princípios jurídicos ou valores albergados no ordenamento. Há assim um *direito* à decisão discricionária livre de erro, o qual pode condensar-se em casos concretos em um direito a uma determinada decisão (redução da discricionariedade a zero ou "atrofiamento da discricionariedade") (BACHOF; STOBER; WOLFF, 2006).

Jean Rivero (1981), ilustre administrativista francês que teve forte influência na formação da doutrina brasileira clássica, já preconizava a necessidade de equilíbrio entre competência vinculada e poder discricionário, entre segurança e adaptação. Embora não tenha admitido expressamente que o poder discricionário fosse suscetível de graus, e negasse que o administrado tenha qualquer direito ao ato em relação ao qual funcione o poder discricionário, asseverou, de outro lado, que não existe um ato inteiramente discricionário e que no seio de um ato pode haver *mais ou menos discricionariedade*. Admitia também que o juiz (aqui se refere à jurisdição administrativa, própria do sistema do contencioso administrativo francês), ao exercer o controle de legalidade, cria regras jurisprudenciais, subtraindo ao poder discricionário alguns elementos do ato. Assim, o juiz seria na prática o verdadeiro regulador do poder discricionário, conforme entenda maior ou menor o seu controle sobre um ato administrativo determinado, exercendo muitas vezes um controle de oportunidade.

O argentino Gordillo (2012), outro administrativista de imensa influência, reconhecia, para os atos discricionários, limites concretos (objetivos) e relativos (mau uso da discricionariedade, por capricho, abuso ou desvio de poder). A ideia de limite, por óbvio, embute a de controle, e esta, por sua vez, a de sindicabilidade. A qualidade do exercício da discricionariedade, então, passa a ser objeto de apreciação jurídica, mesmo que relativizada.

Voltando-se ainda mais no tempo, é possível constatar que Aristóteles, com incrível precocidade e lucidez costumeira, antecipa a complexidade do tema, em seu *Ética a Nicômano*, quando, ao discorrer sobre a justiça, definiu-a como respeito à lei e à equidade. Em seguida, reconhecendo a insuficiência da lei (universalidade) para abranger todas as situações particulares, afirma que "o justo e o conveniente são a mesma coisa". Só seria, pois, conveniente aquilo que fosse justo, pois a injustiça seria moldada tanto pela prescrição legal (desrespeito à lei) quanto por natureza (iniquidade). O conveniente corrigiria a insuficiência da lei, complementa-a. Para o sábio, definimos como justas as coisas que proporcionam ou resguardam a felicidade ou parte dela à comunidade (ARISTÓTELES, 2005, p. 47-83). Dessa lógica resulta a diferença entre discricionariedade e arbitrariedade, podendo-se concluir que o arbitrário não é apenas o que transborda os limites legais, mas o que não satisfaz os critérios de justiça, vista como equidade e promoção do bem comum.

A doutrina brasileira evoluiu bastante no tema da discricionariedade. Diogo de Figueiredo Moreira Neto (1998), por exemplo, após asseverar que a discricionariedade é um fenômeno que se situa justamente entre o jurídico e o político, sentencia que não existe nem liberdade nem vinculação absoluta. Quanto ao poder discricionário, pontua que o seu exercício, assim como de todo poder outorgado, tem sua "validade duplamente vinculada: à lei, que o cria, e à finalidade, que o justifica" (p. 22). A função da discricionariedade seria a integração da norma abstrata no plano concreto, para a consecução do interesse público. A discricionariedade não é, para este doutrinador, excepcional, e sim normal, pois decorre da impossibilidade de se antever em abstrato sempre a solução ótima para o atendimento do interesse público. Outrossim, como a discricionariedade seria um artifício da legislação para alcançar a boa administração, uma técnica cujo *resultado* é o mérito, os efeitos do princípio da boa administração pública sobre a discricionariedade não devem chegar ao extremo de diluir o conceito de mérito, cujos diversos aspectos foram sintetizados no binômio 'conveniência e oportunidade', o qual deve permanecer insindicável, desde que contornado pelos princípios da realidade (veracidade e possibilidade) e da razoabilidade, e não pressionado pela exigência descabida de uma única solução possível.

Entre os brasileiros, é de se reconhecer a contribuição ímpar de Celso Antônio Bandeira de Mello (2012) no trato do tema da discricionariedade. Segundo este, a discricionariedade estaticamente considerada, ou seja, a que se extrai diretamente da norma jurídica em abstrato, é condição necessária, mas insuficiente à discricionariedade 'dinâmica', a saber, a que persiste à luz das circunstâncias concretas. Assim, a situação concreta, o contexto, poderia (ou não) reduzir a discricionariedade a zero, na medida em que viabilizasse (ou não) uma única solução ótima. Asseverou ainda que "é possível ao órgão controlador, em exame de legitimidade, portanto, sem invadir o mérito do ato, verificar se o plexo de circunstâncias fáticas afunilou ou não afunilou, e até que ponto afunilou o campo de liberdade administrativa" (p. 40). Outrossim, em sua ótica, deve o Poder Judiciário fazer o controle dos motivos do ato administrativo, apreciando-lhes a realidade (materialidade) e legitimidade. Eis, por fim, sua definição de discricionariedade:

> Discricionariedade, portanto, é a margem de liberdade que remanesça ao administrador para eleger, segundo critérios consistentes de razoabilidade, um, dentre pelo menos dois comportamentos cabíveis, perante cada caso concreto, a fim de cumprir o dever de adotar a solução mais adequada à satisfação da finalidade legal, quando, por força da fluidez das expressões da lei ou da liberdade conferida no mandamento, dela não se possa extrair objetivamente, uma solução unívoca para a situação vertente. (p. 48)

A contribuição de Juarez Freitas (2013) também merece destaque. No entender deste doutrinador, o administrador, mesmo no exercício de atividade discricionária, tem o dever de apreciar as "externalidades" (consequências diretas e indiretas) do ato, e o controle dos atos administrativos não deve ser mínimo nem máximo, mas proporcional, situando-se em uma posição de "equilíbrio dinâmico" (p. 420). E mais: a importância do controle adequado e proporcional se revelaria porque o administrador pode errar não apenas por má-fé, mas também por impulsos tendenciosos, automatismos mentais, que influenciam de forma não racional as decisões ('biases'), como o otimismo excessivo, o imediatismo, a predisposição a confirmar suas crenças, ou de manter as escolhas feitas e as tradições. Ensina ainda que a discricionariedade administrativa pode ser viciada por excesso ou insuficiência (arbitrariedade por ação ou omissão, respectivamente). Faz referência a uma "discricionariedade vinculada", ressaltando que a adoção de tal expressão não implica inexistência de "juízo de conveniência ou competência para escolher entre opções válidas *prima facie*" (p. 426), e sim que algumas dessas escolhas válidas *prima facie* (em abstrato) se revelarão inadmissíveis no plano concreto. Frisa que entre os atos vinculados e discricionários não há uma diferença ontológica, qualitativa, mas sim quantitativa, variando-se tão somente a *intensidade da vinculação*. E conclui que o Judiciário, embora não sindique diretamente o merecimento ou mérito, sindica o demérito, a arbitrariedade, raciocínio aplicável aos chamados conceitos jurídicos indeterminados: "Não é acertado, pois, distinguir, com muros demasiadamente altos, a discricionariedade volitiva da cognitiva" (p. 428).

Assim, pelo que já foi dito, vislumbra-se que a teoria dos conceitos jurídicos indeterminados não deve se afastar dos caminhos do poder discricionário. O legislador deve atentar para o princípio jurídico da suficiente determinação, intrínseco ao Estado de Direito, ou seja, não há problema no uso de conceitos jurídicos indeterminados (pelo contrário), desde que sejam determináveis. Os conceitos jurídicos indeterminados – assim como a discricionariedade – possibilitam a busca de soluções justas, ou tecnicamente apropriadas (melhor técnica disponível) (BACHOF; STOBER; WOLFF, 2006).

Na interpretação de conceitos jurídicos indeterminados, os tribunais poderão demarcar o "domínio tipológico", com a contribuição de regras e princípios jurídicos; entretanto, dentro deste domínio, deve respeitar a discricionariedade cognitiva do administrador. Se a interpretação administrativa foi feita sem vícios, o tribunal não deverá substituir a opinião do administrador pela sua, por não ser esta sua função (princípio da reserva de função) (BACHOF; STOBER; WOLFF, 2006).

Outros casos também reclamam discricionariedade, como por exemplo, quando o conteúdo de uma norma de competência embute uma decisão prognóstica arriscada (a chamada "margem de prognose"), ou um juízo técnico altamente pessoal e infungível (estético, pedagógico etc.) (BACHOF; STOBER; WOLFF, 2006).

Em síntese: a ideia de discricionariedade está originalmente ligada à noção de um espaço decisório do administrador externo ao

Direito, uma margem de liberdade decisória insindicável. Entretanto, com a constitucionalização do Direito Administrativo, ruiu a dicotomia atos vinculados *versus* atos discricionários, uma vez que os princípios constitucionais alcançam todo o espaço decisório. Atualmente, pode-se pensar em "graus de vinculação à juridicidade", conforme a "densidade normativa" incidente sobre o caso concreto (BINENBOJM, 2008, p. 39).

Desse modo, sempre que o Direito (princípios e regras) apresentar nas circunstâncias concretas uma única solução correta, haverá vinculação; quando apresentar mais de uma solução justa e razoável, haverá discricionariedade (MARTINS, 2015). Clara está a "importância dos princípios e regras constitucionais na *densificação* do ambiente decisório do administrador", com consequência inevitável de que o antigo mérito administrativo sofre um "sensível estreitamento" (BINENBOJM, 2006, p. 38, 71).

No constitucionalismo, o legislador conhece limites formais e materiais, estes últimos representados sobretudo pelos direitos fundamentais (MORAIS; BRUM, 2016). Sendo assim, a liberdade que o legislador confere ao administrador também é constitucionalmente limitada, pois aquele não pode dar mais do que tem. Destarte, uma norma pode ser constitucional em abstrato, mas revelar-se inconstitucional concretamente, por contrariar sua própria finalidade ou um princípio (BARROSO; BARCELLOS, 2005). Então, nem sempre todas as opções que o legislador confere ao administrador passarão em um teste de constitucionalidade realizado à luz do caso concreto, o que poderá reduzir o mérito administrativo, e até levar a discricionariedade a zero.

No mais, o controle de legitimidade inclui a valoração da 'legitimidade complessiva' ("legittimità complessiva") da gestão (como um todo), em uma ótica substancial e que diz respeito à 'essencialidade da gestão' ("essenzialità della gestione"). O controle da legitimidade, portanto, tem como parâmetros não apenas normas jurídicas, mas critérios gerais de boa administração extraídos de áreas não jurídicas, com finalidade última de conferir à Administração Pública uma maior funcionalidade (CLEMENTE, 2008, p. 17-18). Para tanto, fundamental um saudável diálogo entre o político e o jurídico, um contínuo "diálogo" com a Administração (p. 21).

Neste novo panorama teórico, fica atenuada a distinção tradicional entre revogação e anulação, pois tanto a primeira, que possui efeitos *ex nunc* e é motivada por razões de conveniência e oportunidade, quanto a segunda, que em regra produz efeitos *ex tunc* e se dá por ilegalidade do ato, haverão de ser pensadas sob a lógica da adequação sistêmica e aplicação principiológica (FREITAS, 2004).

Cumpre reforçar que a redução da discricionariedade pela aplicação dos princípios éticos que norteiam a Administração Pública não alcança sempre o extremo da total eliminação da zona de liberdade do legislador ou do administrador, o que implicaria a supressão da Política pelo Direito, destoando do equilíbrio que aqui se está a buscar. Nesse ponto discorda-se da conclusão de Dworkin (2002), para quem, mesmo em um caso difícil (*hard case*), só existe uma resposta juridicamente correta, a ser apreendida pelo juiz. Muitas vezes isso não se dá na prática, a menos que compreendamos que em certos casos a "resposta" do juiz seja procedimental, consistindo em um *self-restraint* (autocontenção), deixando a escolha para a Política.

Aos variados graus de vinculação à juridicidade correspondem, evidentemente, diversos níveis de intensidade de controle (controlabilidade), ou seja, de "densidade", "espessura" do controle, que não se sujeitam a uma fórmula apriorística, a uma predefinição estática, nem seguem uma lógica puramente normativa, devendo levar em conta, em princípio, *standards* básicos, como o nível de tecnicidade e de politicidade da decisão, o grau de restrição a direitos fundamentais, os procedimentos concretos adotados pela administração, as competências e responsabilidades (critério "jurídico-funcionalmente adequado") (BINENBOJM, 2008, p. 40-41). Pode-se falar, portanto, em *dinamicidade dos níveis de controle da Administração Pública.*

É possível encontrar decisões dos Tribunais superiores brasileiros em plena consonância com o mais moderno entendimento acerca do caráter dinâmico da discricionariedade administrativa e de seus controles. O Superior Tribunal de Justiça já firmou entendimento no sentido de que o grau de liberdade conferido em abstrato pela norma jurídica pode reduzir-se e até desaparecer à luz das circunstâncias concretas.[90]

---

[90] DIREITO ADMINISTRATIVO E PROCESSUAL CIVIL. DEMARCAÇÃO DE TERRAS INDÍGENAS. AUSÊNCIA DE VIOLAÇÃO DO ART. 535 DO CPC. ATO ADMINISTRATIVO DISCRICIONÁRIO. TEORIA DA ASSERÇÃO. NECESSIDADE DE ANÁLISE DO CASO CONCRETO PARA AFERIR O GRAU DE DISCRICIONARIEDADE CONFERIDO AO ADMINISTRADOR PÚBLICO. POSSIBILIDADE JURÍDICA DO PEDIDO.
1. Não viola o artigo 535 do CPC quando o julgado decide de modo claro e objetivo na medida da pretensão deduzida, contudo de forma contrária à pretensão do recorrente.
2. Nos termos da teoria da asserção, o momento de verificação das condições da ação se dá no primeiro contato que o julgador tem com a petição inicial, ou seja, no instante da prolação do juízo de admissibilidade inicial do procedimento.

Acrescente-se que a intensidade material, ou substancial, dos controles da Administração Pública corresponde ao nível de deferência do órgão controlador em relação à decisão controlada – o que leva em conta, segundo entendimento corrente, a natureza da decisão administrativa, a partir de análises institucionais comparativas, prevalecendo o controle jurídico deferente sobre decisões políticas e tecnicamente complexas, e não deferentes sobre as decisões juridicamente sensíveis. Entretanto, essas relações tendenciais podem não prevalecer na prática, quer pela dificuldade de se detectar a natureza da decisão, frequentemente marcada por uma multiplicidade de aspectos (jurídicos, políticos e técnicos), quer porque situações especiais podem sugerir outras ponderações e soluções, *em atenção a "circunstâncias históricas e/ou contingenciais" as mais variadas ou* à *comparação entre as instituições concretamente envolvidas* (JORDÃO, 2016, p. 276-279).[91]

De outro lado, o Poder Judiciário, ao definir o nível de intensidade do controle jurídico das políticas públicas, deve atentar, em cada caso,

---

3. Para que se reconheça a impossibilidade jurídica do pedido, é preciso que o julgador, no primeiro olhar, perceba que o petitum jamais poderá ser atendido, independentemente do fato e das circunstâncias do caso concreto.
4. A discricionariedade administrativa é um dever posto ao administrador para que, na multiplicidade das situações fáticas, seja encontrada, dentre as diversas soluções possíveis, a que melhor atenda à finalidade legal.
5. O grau de liberdade inicialmente conferido em abstrato pela norma pode afunilar-se diante do caso concreto, ou até mesmo desaparecer, de modo que o ato administrativo, que inicialmente demandaria um juízo discricionário, pode se reverter em ato cuja atuação do administrador esteja vinculada. Neste caso, a interferência do Poder Judiciário não resultará em ofensa ao princípio da separação dos Poderes, mas restauração da ordem jurídica.
6. Para se chegar ao mérito do ato administrativo, não basta a análise in abstrato da norma jurídica, é preciso o confronto desta com as situações fáticas para se aferir se a prática do ato enseja dúvida sobre qual a melhor decisão possível. É na dúvida que compete ao administrador, e somente a ele, escolher a melhor forma de agir.
7. Em face da teoria da asserção no exame das condições da ação e da necessidade de dilação probatória para a análise dos fatos que circundam o caso concreto, a ação que visa a um controle de atividade discricionária da Administração Pública não contém pedido juridicamente impossível.
8. A influência que uma decisão liminar concedida em processo conexo pode gerar no caso dos autos pode recair sobre o julgamento do mérito da causa, mas em nada modifica a presença das condições da ação quando do oferecimento da petição inicial.
Recurso especial improvido.
(REsp 879.188/RS, Rel. Ministro HUMBERTO MARTINS, SEGUNDA TURMA, julgado em 21/05/2009, DJe 02/06/2009) (grifos nossos)

[91] Ainda sobre a relação entre deferência e comparação institucional *concreta*, a lição de ATIENZA (2014), para quem os limites do ativismo judicial não devem ser os mesmos em países com institucionalidade forte, em que outras instâncias têm condições de garantir a tutela eficaz dos direitos fundamentais, e em países com institucionalidade mais débil, em que a não atuação judicial acarretará muito provavelmente a insatisfação de direitos básicos.

ao princípio ético do consequencialismo, sopesando as repercussões concretas de suas decisões, enfim, deixando para trás a época do "*faça-se a justiça e pereça o mundo*" (NALINI, 2016, p. 484). Afinal, os limites da intervenção judicial em parte são inerentes à própria separação de Poderes e à estruturação do Estado moderno (FONTES, 2006).

Cabe, por fim, dizer que o exercício da discricionariedade, em nossa cultura, encontra-se marcado pelo patrimonialismo (FREITAS, 2013). Os avanços acima descritos são, pois, fundamentais para a superação da teoria clássica da discricionariedade – influenciada pelo positivismo normativista, baseado em um ultrapassado direito de regras – a qual se mostrou insuficiente e inadequada ao combate efetivo dos produtos administrativos da cultura política brasileira, de cunho patrimonialista (MADALENA, 2016).

4.3.2 Legitimação pelo procedimento: controles de procedimento e procedimentos de controle

À evidência, um sistema político moderno (complexo) e estável, depende de mais do que coação e consenso para adquirir legitimidade, entendida em uma acepção sociológica como disposição apriorística mais ou menos generalizada de aceitação de decisões. A adequação procedimental traz em si um valor, apto a substituir critérios jusnaturalistas ou morais (LUHMANN, 1980). Bem compreendido, procedimento não se confunde com ritos, e sim com o histórico de "decisões seletivas dos participantes", eliminando alternativas, reduzindo complexidade, absorvendo incertezas (p. 38). Assim, é imensa a importância tanto dos controles dos procedimentos administrativos quanto dos procedimentos dos órgãos de controle, lembrando que a consequência pode ser o afastamento de um mandatário público que assenta sua legitimidade de investidura em outro procedimento da maior importância, o democrático, consagrado nas urnas.

Cabe, entretanto, lembrar que também os procedimentos de controle estão sujeitos aos influxos do Direito Constitucional, como já assentado acima, e sendo assim, o enaltecimento da relevância do procedimento não é incompatível com a sua normatização por princípios. Pelo contrário, o bom controle público, visto como um princípio, tem a pretensão nada modesta de fornecer novo paradigma de legitimação da atuação dos controladores, ampliando sua base de aceitação social, alterando papéis e expectativas, aperfeiçoando o funcionamento dos sistemas jurídico e político.

O direito à boa administração, notadamente na sua acepção de bom controle público, reclama não apenas intensidade material adequada, mas também a adoção de procedimentos apropriados: adaptados à realidade concreta do objeto controlado. O ajuste procedimental precisa equacionar demandas e planejar escassez de tempo e recursos humanos, em busca da maior eficiência preventiva possível, com atuação tempestiva e integrada dos órgãos de controle. Implica, também, uma "relevante mudança de postura" (FREITAS, 2010, p. 173), notadamente, dos agentes controladores.

Como já dito, entre as redefinições procedimentais inerentes ao bom controle público destacam-se: foco na prevenção; abordagem interinstitucional, com integração de esforços, compartilhamento de informações (redes de relacionamento), estratégias e atividades conjuntas, promovendo cultura de inteligência institucional (FERREIRA JUNIOR, 2015a).

Quanto ao primeiro aspecto (prevenção), frise-se que os controladores públicos devem ter plena consciência da *oportunidade do controle*, evitando os efeitos maléficos de um controle tardio. Não se pode confundir mesmo o controle *a posteriori* com controle extemporâneo, tardio ou inoportuno, ou seja, aquele controle que "llega tarde" (IVANEGA, 2009, p. 229).

A título de exemplo, cabe dizer que desde a Constituição de 1967 a atuação prévia (*a priori*) ou concomitante dos Tribunais de Contas deixou de ser requisito de validade dos atos administrativos. Entretanto, nada impede a ocorrência destas modalidades de controle, na medida da necessidade, vez que o controle *a posteriori*, regra geral nos Tribunais de Contas, vem se mostrando insuficientes e de eficiência duvidosa (SCHOENMAKER, 2011).

Isso vale também para o Ministério Público, o qual, a depender da natureza do objeto de controle ou das circunstâncias, precisa antecipar sua atuação fiscalizatória, se pretende alguma eficácia. Enquanto o *ombudsman*, em outros países, assume uma postura política mais proativa, intermediando o diálogo entre a sociedade e os Poderes, o Ministério Público brasileiro adquiriu um caráter marcadamente jurisdicional. O direito fundamental à boa administração pública reclama uma postura mais ousada do Ministério Público, ganhando importância instrumentos não jurisdicionais como as recomendações e os compromissos de ajustamento de conduta (os quais possuem natureza preventiva, e *a posteriori* auxiliam a comprovar a ciência e o dolo específico dos agentes públicos). Obviamente essa mudança de postura, já em andamento, exige adequada capacitação dos membros do MP e de seus servidores, com foco nas áreas estratégicas, promovendo um contínuo melhoramento dos recursos humanos da instituição (FONTES, 2006). Para o eficaz controle da Administração pelo Ministério Público, imprescindível que a instituição se aparelhe de corpo técnico apropriado, com conhecimento, *v.g.*, de contabilidade pública.

Outrossim, o Poder Judiciário, apesar de sua inércia inicial, deve atentar cada vez mais aos princípios da precaução e prevenção, para, quando provocado, conceder celeremente medidas acautelatórias civis e/ou penais, de modo a resguardar o interesse público, reduzindo os riscos e evitando danos irreparáveis à coletividade.

Por sua vez, quanto ao segundo aspecto, imprescindível a integração dos órgãos de controle em alianças (*parcerias estratégicas flexíveis*), com compartilhamento de riscos e capacidades, obtenção de economia de escala e aumento de capilaridade. Já a cultura de inteligência organizacional pressupõe planejamento, com as seguintes fases: diagnóstico da realidade, definição de objetivos, estratégia (rumos), planos (viabilização da estratégia e objetivos), execução e controle (aprendizagem, monitoramento de desempenho) (MATIAS-PEREIRA, 2016). Para tanto, os avanços tecnológicos não podem ser desconsiderados.

4.4 Novas ferramentas: controles na era digital

O acúmulo do conhecimento científico tem um efeito decisivo na conformação das principais características das sociedades (FUKUYAMA, 1992). Com efeito, uma sociedade é condicionada por suas técnicas, pois estas abrem possibilidades. Por exemplo, na Idade Média, a cavalaria e o feudalismo foram em grande medida possibilitados pela invenção do estribo. A tecnologia interage com os processos sociais, ideologias, interesses econômicos, jogos de poder (LÉVY, 2010).

Sendo assim, não é possível discorrer adequadamente sobre qualquer assunto de viés pragmático sem contextualizá-lo em relação ao tempo e à tecnologia que lhe é pertinente. Em advertência aos historiadores, mas aplicável, *mutatis mutandis*, a sociólogos e juristas, March Bloch indaga: "O historiador de uma época em que a máquina é rainha aceitará que se ignore como são constituídas e modificadas as máquinas?" (BLOCH, 2001, p. 81). A pergunta é retórica; a resposta, evidentemente negativa. Tampouco o sociólogo e o jurista podem ignorar as máquinas, tomadas em sua acepção ampla.

A hipermodernidade trouxe consigo significativas alterações na relação tempo-distância relacionadas a imenso avanço tecnológico, com destaque para a revolução nas comunicações via internet. Essa realidade traz novas exigências de transparência e potencializa os controles da Administração Pública. Essa aproximação entre administrados e administradores embute novas formas de legitimação (MORAIS; BRUM, 2016).

Nesse contexto, a ideia de boa administração pública reclama ampla adaptação às transformações tecnológicas e organização inteligente (pesquisa e aprendizagem) (MUÑOZ, 2012). Além disso, a cibercultura estabelece "novas práticas democráticas", pois abre inéditas possibilidades de participação direta dos cidadãos, podendo-se mesmo falar em uma democracia eletrônica, consistente na transparência das políticas públicas, participação e interação com cidadãos no ciberespaço (LÉVY, 2010).[92]

Outrossim, com a revolução tecnológica em curso, não apenas ganha o controle social, mas também os controles institucionais veem-se diante de magníficas ferramentas de acesso e mineração de dados oriundos de entes públicos e de outras fontes, viabilizando a incrementação de estratégias inteligentes de controle, com uso de estatísticas, cruzamento de informações, e, como se verá, inclusive elaboração de matriz de risco a partir de cálculos mais sofisticados, com consequente otimização de resultados. No mais, estreitam-se os canais de comunicação entre os diversos órgãos e tipos de controle administrativo, com ganho de sinergia, capilaridade e eficiência, bem como redução dos custos operacionais. O uso de georreferenciamento[93] e outras técnicas de mapeamento melhoram o planejamento e a fiscalização da medição de quantitativos executados de obras públicas.

Não é razoável, portanto, subestimar o potencial da tecnologia como transformador das instituições, mentalidades e culturas. Tamanha a sua força, é apta a influir na evolução e amadurecimento dos sistemas jurídico e político, e na relação entre ambos, na medida em que transforma

---

92 É preciso, entretanto, estar atento para que o controle exercido por meio de redes informatizadas seja mais do que uma mera ilusão democrática ou de participação (BAUMAN, 2016).

93 Extrai-se do site do TCU: "Georreferenciar uma imagem ou um mapa ou qualquer outra forma de informação geográfica é tornar suas coordenadas conhecidas num dado sistema de referência. Este processo inicia-se com a obtenção das coordenadas (pertencentes ao sistema no qual se pretende georreferenciar) de pontos da imagem ou do mapa a serem georreferenciados, conhecidos como pontos de controle" (Disponível em: https://portal.tcu.gov.br/inovatcu/noticias/georreferenciamento.htm. Acesso em: 16 maio 2019).

a sociedade como um todo. Novas ferramentas criam novas alternativas, novas interpretações dos textos e do mundo, novos anseios, novos problemas, novas metas políticas, novos direitos e deveres.

Então, da mesma forma que a boa administração pública é aquela atenta às novidades tecnológicas, o bom controle público também o é. Os ganhos de saber, velocidade e eficiência dos órgãos controladores, decorrentes das mudanças tecnológicas, acarretam inevitavelmente um aumento da intensidade de controle e impõem uma nova postura aos agentes responsáveis.

Não se diga que essas possibilidades destoam da realidade da maioria dos municípios brasileiros. No documento *Perfil dos municípios brasileiros*, elaborado em 2016, pelo IBGE, referente ao ano de 2015, foi detectado alto índice de informatização das administrações públicas municipais, até mesmo em municípios pequenos.[94] A seguir, os conceitos e noções acima explorados, relativos à boa administração e ao bom controle público, serão trazidos à realidade da transição de mandatos no Poder Executivo municipal, com suas especificidades.

---

[94] IBGE. *Perfil dos municípios brasileiros*: 2015. Rio de Janeiro, 2016. "Quanto à informatização na administração pública municipal, foi pesquisada sua existência nas seguintes atividades: cadastro e/ou banco de dados de saúde, de educação, de patrimônio e de funcionários, bem como controle da execução orçamentária e folha de pagamento. Um representativo percentual de 97,1% (5 410) de municípios respondeu afirmativamente à existência de pelo menos uma das atividades informatizadas, havendo pouca variação não só entre as classes de tamanho da população dos municípios, como também entre as Grandes Regiões, cujos percentuais oscilaram de 94,7% (426), na Região Norte, a 98,5% (460), na Região Centro-Oeste."

CAPÍTULO 5

TRANSIÇÃO DE MANDATOS NO PODER EXECUTIVO MUNICIPAL E SEUS CONTROLES JURÍDICOS

O direito fundamental à boa administração pública é relacionado, no âmbito municipal, ao chamado direito à cidade, notadamente no que tange ao esforço a ser feito pelos administradores locais (e controladores) na entrega (e proteção) de serviços públicos adequados e ininterruptos, promovendo a justiça urbana.

São muitas as dificuldades enfrentadas pelas instituições de controle durante o período da transição de mandatos municipais no Brasil, em que se multiplicam os atos (e omissões) lesivos à coisa pública e aos serviços públicos essenciais. O estudo da casuística dos "desmontes" e outras observações evidenciam a existência de sérios obstáculos culturais ao bom desempenho da Administração Pública (e do seu controle) no período, constituindo a imaturidade do sistema político obstáculo de difícil transposição.

A legislação brasileira já contempla um complexo normativo considerável a servir de ferramenta para o combate à corrupção. Mas ainda assim esta ganha força em razão da insuficiência de controles preventivos e repressivos e, muitas vezes, da "cumplicidade" da comunidade, com baixa normatividade e concretização assimétrica das regras legais, sintoma de imaturidade jurídica.

Outros desafios dos órgãos de controle no período crítico advém: da exigência de um *timing* acelerado de fiscalização; da ausência, nas instituições públicas de controle, de uma cultura de integração e inteligência operacional; de uma visão predominantemente estática, engessada, das possibilidades e intensidade de controle jurídico; do não funcionamento adequado, e consequente insuficiência, das equipes de transição; das dificuldades para a estruturação de um sistema de controle interno.

A literatura especializada evidencia que a experiência e os esforços estrangeiros para redução dos traumas decorrentes da transição governamental são focados na montagem de equipes de transição, com integrantes dos governos antigo e novo. A intenção primordial não é prevenir desvios, mas preparar a mudança e viabilizar o novo governo. Todavia, a experiência revela que no Brasil, mais especificamente no âmbito municipal, as equipes de transição, apesar de importantes, são insuficientes a garantir uma transição ordeira e transparente, à míngua de uma cultura política adequada à promoção do diálogo entre opositores. Daí a necessária complementação de um controle jurídico intensificado, realizado por agentes externos independentes.

Esses obstáculos, refletindo imaturidade política e jurídica, não constituem empecilho insuperável, desde que haja uma mudança de "mentalidade" das instituições independentes de controle, a partir de uma releitura do ordenamento constitucional, mais precisamente, através do reconhecimento e concretização da dimensão principiológica do direito fundamental à boa administração pública e de sua vertente, o bom controle público.

A transição de mandatos desponta como período especialmente sensível, vez que é de curta duração, mas, se desordenada, pode gerar problemas de longo prazo. O direito à boa administração exige uma transição governamental ordenada.

Então, o direito à boa administração pública, com suas exigências de bom controle público, demanda do sistema jurídico observação atenta do ambiente, incluindo outros sistemas ao seu entorno, marcadamente o político e o administrativo (abertura cognitiva principiologicamente orientada). Disso deve resultar evolução (amadurecimento) do Direito, com consequente adaptação da intensidade de controles em razão da natureza do seu objeto, do contexto e das instituições envolvidas, tudo concretamente analisado.

Na transição de mandatos municipais, esse processo implica adoção de variadas estratégias práticas (do planejamento à execução), legítimas quando compatíveis com a Constituição. O aumento de intensidade dos controles na transição de mandatos pressupõe maior integração, tempestividade e seletividade, sem perda de imparcialidade, além de inteligência operacional, do planejamento à execução.

Breve estudo de caso relativo às operações "antidesmonte" no ano de 2016, frutos de parceria institucional entre o Ministério Público do Estado do Ceará e o Tribunal de Contas, confirma empiricamente que uma atuação fiscalizatória mais intensa no período de transição no executivo municipal acarreta aumento de eficiência na inibição e responsabilização tempestiva de desvios e ilicitudes, propiciando um maior nível de institucionalidade e ordenação da alternância de poder nos municípios.

5.1 Boa administração pública municipal e o direito à cidade

A agricultura fixou o homem à terra, e deu início a um modo de vida que veio a substituir o anterior nomadismo, o que possibilitou em seguida o surgimento da vida urbana. Com o advento da cidade, o homem redimensionou seu modo de viver e conviver, bem como sua autoimagem. Na Antiguidade clássica, cidade e sociedade política se confundiam: a cidade e suas leis eram a própria ordem pública (SALDANHA, 2005). Com o trauma das invasões bárbaras e do declínio do Império Romano, na Europa feudal, se as cidades não chegaram a desaparecer, sofreram despovoamento, deterioraram-se com as ausências de obras públicas, em um contexto de comunicação dificultada, "profunda desaceleração da vida das relações" e "circulação monetária atrofiada" (BLOCH, 2016, p. 396), até que esse processo se reverteu ainda no seio da Idade Média, surgindo em seguida a Modernidade, marcadamente urbana.

O espaço urbano é palco de interações complexas, que não podem ser compreendidas sem análise das instituições municipais, tanto que a crise na cidade se faz invariavelmente acompanhar por uma crise de suas instituições. Acrescente-se que a cidade moderna intensifica a exploração das classes não dominantes. A fim de ordenar o duplo processo de industrialização e urbanização, necessária uma estratégia baseada em uma "ciência da cidade", com suporte social e político (LEFEBVRE, 2011).

Nas Américas, uma curiosidade: normalmente a cidade nasce do campo, mas de um modo geral as primeiras cidades americanas antecederam ao campo, pois foram fruto de decisões político-administrativas dos colonizadores, a partir de uma visão da urbe como um "*locus* privilegiado", a sede do poder, o *habitat* da autoridade (RISÉRIO, 2013).

No Brasil, o século XX promoveu um forte processo de urbanização. Houve um constante crescimento da população urbana, a qual passou de 36,2% em 1950 para 81,2% em 2000. O número de municípios quase triplicou: passou de 1889 em 1950 para 5507 em 2000 (LEAL, 2011). Ocorre que a urbanização brasileira se processou de forma caótica, com incrível inchaço das cidades, impulsionada pela evasão rural decorrente da concentração de terra no campo (latifúndios e monocultura). Tal fenômeno não se fez acompanhar de uma correspondente melhoria dos serviços urbanos. A desigualdade social, assim, imprimiu também sua marca nas paisagens urbanas brasileiras (RIBEIRO, 2015).

O Brasil – não é segredo – é um país com alto índice de corrupção política. O poder central, para agradar as elites políticas locais, multiplicou e fortaleceu os municípios, muitos deles frutos não de uma realidade ou necessidade social, mas de um mero acordo político (MARTINS, 2015). Isso, evidentemente, desequilibrou o pacto federativo, e é justamente nos "municípios pequenos" onde a corrupção encontra mais facilidade em se instalar, até em razão da precariedade dos controles.

Independente das cláusulas do pacto federativo, as demandas e expectativas dos cidadãos são voltadas de forma imediata ao ente público municipal, já que as pessoas moram em um município, e não na União ou nos Estados (GAZOLA, 2010). Os interesses locais são bem mais concretos e palpáveis do que, por exemplo, os elevados interesses nacionais: "A história, na verdade das coisas, se passa nos quadros locais" (RIBEIRO, 2015, p. 201). Em contrapartida, muito se fala sobre a função social da propriedade, e pouco ainda sobre a "função social da cidade" (GAZOLA, 2010, p. 32).

Assim, a realização da sociedade urbana reclama o planejamento para atender as necessidades sociais, inclusive integração e participação das classes menos favorecidas, a formação de um novo humanismo: o humanismo do homem urbano, o que exige mudanças econômicas, políticas e culturais. As pressões populares fazem surgir novos direitos; entre eles, o direito à cidade, concebido como "direito à vida urbana, transformada e renovada" (LEFEBVRE, 2011, p. 116-118). É de se perguntar:

> Direito a qual cidade? Nos processos tão dinâmicos quanto são os urbanos, como estabelecer parâmetros do desejável para o 'amoldamento' desse direito? Quais os mecanismos que o direito detém para a construção e efetivação desse direito? (COSTALDELLO, 2011, p. 88)

O direito à cidade encontra-se implicitamente sediado na Constituição Federal brasileira, pois é relacionado aos direitos fundamentais à vida digna, educação, saúde, alimentação, trabalho, moradia, lazer e segurança (COSTALDELLO, 2011). Outrossim, o art. 182 da Constituição

Federal brasileira de 1988 elegeu o Poder Público Municipal como o responsável pela execução de política de desenvolvimento urbano apta a realizar o pleno desenvolvimento das funções sociais da cidade e a garantir o bem-estar de seus habitantes. Esta norma é a chave da resposta para a pergunta acerca de qual é o papel do Município na concretização do projeto constitucional brasileiro (GAZOLA, 2010). Por sua vez, o Estatuto da Cidade (Lei nº 10.257/2001), que regulamenta o mencionado dispositivo constitucional, em seu art. 2º, fornece as diretrizes gerais para a consecução dos objetivos constitucionais.[95]

[95] Art. 2º A **política urbana** tem por objetivo ordenar o pleno **desenvolvimento das funções sociais da cidade** e da propriedade urbana, mediante as seguintes diretrizes gerais:
I – garantia do direito a cidades sustentáveis, entendido como o direito à terra urbana, à moradia, ao saneamento ambiental, à infra-estrutura urbana, ao transporte e aos **serviços públicos**, ao trabalho e ao lazer, para as presentes e futuras gerações;
II – **gestão democrática** por meio da **participação** da população e de associações representativas dos vários segmentos da comunidade na formulação, execução e acompanhamento de planos, programas e projetos de desenvolvimento urbano;
III – cooperação entre os governos, a iniciativa privada e os demais setores da sociedade no processo de urbanização, em atendimento ao interesse social;
IV – **planejamento** do desenvolvimento das cidades, da distribuição espacial da população e das atividades econômicas do Município e do território sob sua área de influência, de modo a evitar e corrigir as distorções do crescimento urbano e seus efeitos negativos sobre o meio ambiente;
V – oferta de equipamentos urbanos e comunitários, transporte e **serviços públicos adequados aos interesses e necessidades da população e às características locais**;
VI – ordenação e controle do uso do solo, de forma a evitar:
a) a utilização inadequada dos imóveis urbanos;
b) a proximidade de usos incompatíveis ou inconvenientes;
c) o parcelamento do solo, a edificação ou o uso excessivos ou inadequados em relação à infra-estrutura urbana;
d) a instalação de empreendimentos ou atividades que possam funcionar como pólos geradores de tráfego, sem a previsão da infra-estrutura correspondente;
e) a retenção especulativa de imóvel urbano, que resulte na sua subutilização ou não utilização;
f) a deterioração das áreas urbanizadas;
g) a poluição e a degradação ambiental;
h) a exposição da população a riscos de desastres naturais; (Incluído pela Medida Provisória nº 547, de 2011).
i) a exposição da população a riscos de desastres. (Incluído dada pela Lei nº 12.608, de 2012)
VII – integração e complementaridade entre as atividades urbanas e rurais, tendo em vista o desenvolvimento socioeconômico do Município e do território sob sua área de influência;
VIII – adoção de padrões de produção e consumo de bens e serviços e de expansão urbana compatíveis com os limites da **sustentabilidade ambiental, social e econômica do Município** e do território sob sua área de influência;
IX – justa distribuição dos benefícios e ônus decorrentes do processo de urbanização;
X – **adequação dos instrumentos de política econômica, tributária e financeira e dos gastos públicos aos objetivos do desenvolvimento urbano**, de modo a privilegiar os investimentos geradores de bem-estar geral e a fruição dos bens pelos diferentes segmentos sociais;
XI – recuperação dos investimentos do Poder Público de que tenha resultado a valorização de imóveis urbanos;

Apontam-se três "diretrizes-síntese": sustentabilidade, planejamento urbano e gestão democrática. No quesito 'sustentabilidade' destaca-se o inciso V, que diz respeito mais de perto aos objetivos do presente trabalho: oferta de equipamentos urbanos e comunitários, transporte e serviços públicos adequados aos interesses e necessidades da população e às características locais (GAZOLA, 2010). No âmbito municipal, a prestação adequada de serviços públicos essenciais resulta em um mecanismo de integração social (SCHIER, 2011), concretizando o direito à cidade, o que não prescinde dos esforços de agentes públicos e privados. No que tange ao setor público, esse Direito vincula-se à ideia de planejamento e gestão da cidade, com adoção de políticas públicas apropriadas (COSTALDELLO, 2011).

Portanto, no âmbito municipal, pode-se dizer que o direito fundamental à boa administração pública corresponde ao direito à cidade, notadamente no que tem pertinência ao esforço que deve ser feito pelos administradores locais na entrega de serviços públicos adequados e ininterruptos, promovendo a justiça urbana. O reconhecimento deste direito, claro, tem reflexo sobre as intensidades de controle a ser exercido em face dos agentes públicos municipais, com sensibilidade para períodos críticos, como a transição de mandatos do Poder Executivo, sempre um risco ao erário público e à continuidade dos serviços essenciais.

XII – proteção, preservação e recuperação do meio ambiente natural e construído, do patrimônio cultural, histórico, artístico, paisagístico e arqueológico;
XIII – audiência do Poder Público municipal e da população interessada nos processos de implantação de empreendimentos ou atividades com efeitos potencialmente negativos sobre o meio ambiente natural ou construído, o conforto ou a segurança da população;
XIV – regularização fundiária e urbanização de áreas ocupadas por população de baixa renda mediante o estabelecimento de normas especiais de urbanização, uso e ocupação do solo e edificação, consideradas a situação socioeconômica da população e as normas ambientais;
XV – simplificação da legislação de parcelamento, uso e ocupação do solo e das normas edilícias, com vistas a permitir a redução dos custos e o aumento da oferta dos lotes e unidades habitacionais;
XVI – isonomia de condições para os agentes públicos e privados na promoção de empreendimentos e atividades relativos ao processo de urbanização, atendido o interesse social.
XVII – estímulo à utilização, nos parcelamentos do solo e nas edificações urbanas, de sistemas operacionais, padrões construtivos e aportes tecnológicos que objetivem a redução de impactos ambientais e a economia de recursos naturais. (Incluído pela Lei nº 12.836, de 2013)
XVIII – tratamento prioritário às obras e edificações de infraestrutura de energia, telecomunicações, abastecimento de água e saneamento. (Incluído pela Lei nº 13.116, de 2015)

5.2 Desafios na transição de mandatos municipais

São muitas as dificuldades enfrentadas pelas instituições de controle durante o período da transição de mandatos municipais no Brasil, em que se multiplicam os atos (e omissões) lesivos à coisa pública e aos serviços públicos essenciais. Para se ter uma ideia da gravidade, dimensão e atualidade do problema, vale conferir o que a imprensa vem noticiando nas últimas transições de governo (eleições de 2012 e 2016). Apenas alguns trechos, sem qualquer pretensão exaustiva, a seguir colacionados.

Em 2012/2013 a transição municipal foi, de um modo geral, bastante complicada, como se pode extrair da leitura de periódicos e jornais da época.[96] A situação persistiu na transição municipal

---

[96] "Prefeitos herdam cidades sucateadas por antecessores: Em alguns municípios pelo país, até os móveis sumiram; entidade estima que 70% das cidades não cumpriram Lei de Responsabilidade Fiscal" (26 jan. 2013). Disponível em: http://veja.abril.com.br/politica/prefeitos-herd am-cidades-sucateadas-por-antecessores. Acesso em: 24 fev. 2018.

"Levantamento da Confederação Nacional dos Municípios (CNM) aponta que quase a metade (46%) de 4.023 dos 5.568 prefeitos brasileiros que responderam a um questionário produzido pela entidade informou ter encontrado uma situação ruim ou péssima nas cidades. Nos últimos dois meses, a CNM apresentou 11 perguntas sobre o retrato das prefeituras. De acordo com a CNM, 2.450 (62%) de 3.934 prefeitos reclamaram da falta ou do sucateamento dos equipamentos públicos. A área da Saúde, por sua vez, aparece em primeiro lugar entre os maiores obstáculos, segundo 2.105 (47%) dos chefes de Executivo. Já questões relacionadas à infraestrutura vêm em seguida: 1.167 (26%). Para 433 deles (10%), a Educação está na terceira colocação entre as principais dificuldades." (18 mar. 2013) Disponível em: https://oglobo.globo.com/brasil/maioria-dos-prefeitos-diz-que-assumiu-cidades-sucateadas-7876991. Acesso em: 24 fev. 2018.

"Reportagens publicadas pela imprensa revelam que, em muitos municípios, de todas as regiões do Estado, os gestores entregaram a administração aos sucessores com irregularidades graves. Entre os problemas apresentados estão dívidas sem recursos em caixa para a sua quitação, atraso no pagamento do funcionalismo, interrupção de serviços básicos e sucateamento da frota de veículos." (29 jan. 2013) Disponível em: http://www1.tce.pr.gov.br/noticias/tce-reforca-fiscalizacao-do-cumprimento-da-lrf-na-transicao-municipal/1720/N. Acesso em: 24 fev. 2018.

"No Sul de Minas, o prefeito Augusto Hart Pereira (PT), de São Sebastião da Bela Vista, mandou estacionar a frota da prefeitura na praça da cidade. O objetivo foi mostrar para a população o estado de sucateamento dos veículos. Dos 36 veículos da frota, só 13 estão rodando, mas, mesmo assim, precisam de reparo. Em Mato Verde, no Norte de Minas, o prefeito Generindo Sales (PMDB) chamou a PF para saber onde foram parar 42 computadores doados pelo Ministério das Comunicações." (10 jan. 2013). Disponível em: https://oglobo.globo.com/brasil/rombo-em-caixa-servicos-publicos-suspensos-em-minas-7261818. Acesso em: 24 fev. 2018.

"A Prefeitura de Aracoiaba começou o ano novo cheia de problemas antigos. Na área por trás do prédio, alguns carros sucateados podem ser encontrados. Uma frota herdada pela nova administração. Entre os veículos, uma ambulância batida e duas kombis em péssimas condições. Dois carros pequenos, do tipo Uno Fiat, ficaram mais de seis meses em Caruaru sem que ninguém soubesse o motivo. [...] O ex-prefeito também foi acusado de ter cancelado o pagamento do parcelamento da previdência dos funcionários do município e de fazer compras de mais de R$200 mil em livros paradidáticos nos últimos dias do mandato." (14

2016/2017,[97] sendo extenso o rol de ilegalidades detectadas, destacando-se: elevado endividamento; inadimplência junto a fornecedores de energia elétrica, água e esgoto; não repasse de contribuições previdenciárias de servidores; não pagamento das obrigações patronais previdenciárias; contratações irregulares ou indevidas; pagamento por serviços não prestados e bens não entregues; atraso no pagamento dos salários de servidores municipais; desrespeito à Lei de Responsabilidade Fiscal; sucateamento de bens e interrupção de serviços básicos, com destaque para as áreas de saúde e educação; postos de saúde fechados; irregularidades na aquisição, fornecimento e armazenagem da merenda escolar (itens insuficientes ou faltosos, vencidos, estragados, com

---

jan. 2013). Disponível em: http://g1.globo.com/pernambuco/noticia/2013/01/novo-prefeito-de-aracoiaba-pe-diz-que-prefeitura-esta-sucateada.html. Acesso em: 24 fev. 2018.

97 "No total, 23 cidades já tem relatórios de inspeção contra desmonte. Outras três ainda aguardam relatórios, mas em todas as outras foram encontrados indícios de irregularidades." (21 nov. 2016). Disponível em: http://www20.opovo.com.br/app/opovo/politica/2016/11/21/noticiasjornalpolitica,3670540/tcm-aponta-indicios-de-desmonte-em-todos-os-municipios-fiscalizados.shtml. Acesso em: 24 fev. 2018.
"Banheiros destruídos, salas dos prédios da prefeitura deterioradas, paredes úmidas, veículos parecendo sucatas, escolas sujas, unidades de saúde sem conservação e manutenção. Esse foi o saldo das primeiras 48 horas da situação da prefeitura de Nova Redenção, na Chapada Diamantina, computado pela nova gestão da prefeita Guilma Soares." (05 jan. 2017). Disponível em: http://jornaldachapada.com.br/2017/01/05/chapada-prefeita-de-nova-redencao-encontra-prefeitura-sucateada-nao-teve-transicao/. Acesso em: 24 fev. 2018.
"Servidores do município de Pau D'Arco, no sul do Pará, estão com os salários atrasados e o hospital e os postos de saúde da cidade estão fechados desde dezembro de 2016. O prefeito Fredson Pereira, que assumiu a gestão do município no dia 1ª de janeiro, acusa o ex-prefeito de ter sucateado a cidade. 'Quando nós assumimos no dia primeiro, realmente não tinha nenhum médico na rede municipal de saúde, nem para atender urgência e emergência. O hospital abandonado, as enfermarias, o ambulatório, praticamente faltando tudo', disse Fredson Pereira." (10 jan. 2017). Disponível em: http://g1.globo.com/pa/para/noticia/2017/01/prefeito-de-pau-darco-diz-que-gestao-anterior-entregou-prefeitura-sucateada.html. Acesso em: 24 fev. 2018.
"A nova gestão de Lizarda, região leste do Tocantins, recebeu uma prefeitura praticamente sem mobília, computadores com arquivos apagados e até encontrou supostos documentos queimados. É o que denuncia a prefeita Suelene Lustosa (PSD) e os secretários de governo. O calendário de aulas no município, inclusive, pode ser adiado porque apenas dois dos cinco ônibus escolares estão funcionando." (06 jan. 2017). Disponível em: http://g1.globo.com/to/tocantins/noticia/2017/01/prefeitura-e-entregue-sem-moveis-com-arquivos-apagados-e-queimados.html. Acesso em: 24 fev. 2018.
"Duas cidades da Baixada Fluminense, Japeri e Mesquita, sofrem com a falta de estrutura e com inúmeros problemas para a população. Em Japeri, por exemplo, o novo prefeito, Carlos Moraes (PP) iniciou uma auditoria nas contas do município. Na frente da prefeitura, um cartaz avisa à população: atendimento aqui só no mês que vem. As dívidas são de R$ 5 milhões, quase todo o rombo vem da Previdência. Já em Mesquita, muito do que falta nas secretarias municipais está jogado em um depósito. Computadores e mobília, que poderiam ser aproveitados, viraram sucata. A nova administração diz que R$ 3, 2 milhões de verba federal foram usados para outros fins." (03 jan. 2017). Disponível em: http://g1.globo.com/rio-de-janeiro/noticia/novos-prefeitos-encontram-municipios-com-problemas-na-baixada-fluminense.ghtml. Acesso em: 24 fev. 2018.

presença de inseto, falta de refrigeração); paralisação de transporte escolar devido à descontinuidade administrativa (atraso no pagamento dos contratos, falta de combustíveis, suspensão de rotas); suspensão de serviço de limpeza pública; desorganização administrativa; gastos com pessoal acima do limite legal; não apresentação de prestação de contas; desrespeito à Lei de Transparência.[98] Entre as consequências indesejáveis do fenômeno, irregularidades no final de gestão estimulam, no início da gestão seguinte, a decretação de "calamidade administrativa", o que muitas vezes insufla novas ilegalidades,[99] alimentando um ciclo vicioso.

O estudo da casuística dos "desmontes" e outras observações evidenciam a existência de sérios obstáculos *culturais* ao bom desempenho da Administração Pública (e do seu controle) no período da

---

[98] "Ao todo, já foram identificadas 42 práticas irregulares que caracterizam o "desmonte" das administrações públicas. Entre os atos "constantes", estão: irregularidades na aquisição, fornecimento e armazenagem da merenda escolar (itens insuficientes, vencidos, estragados, com presença de inseto, falta de refrigeração); elevado endividamento; falta de merenda escolar; paralisação de transporte escolar devido à descontinuidade administrativa (atraso no pagamento dos contratos, falta de combustíveis, suspensão de rotas); pagamento por serviços não prestados e bens não entregues; postos de saúde fechados; e atraso no pagamento dos salários de servidores municipais, entre outros." (22 nov. 2016). Disponível em: http://www.oestadoce.com.br/politica/tcm-lista-42-praticas-de-desmonte-em-municipios-fiscalizados. Acesso em: 24 fev. 2018.Além desta, outras matérias jornalísticas já relacionadas nos itens anteriores.

[99] "A Prefeitura de Romaria decretou estado de calamidade administrativa. O prefeito João Rodrigues revelou que o município apresenta problemas com a prestação de contas, frota de veículo, obras inacabadas, e que a gestão anterior deu férias para quase todos os funcionários. Por meio de nota, o ex-prefeito, Ferdinando Rath, disse que entregou a Prefeitura organizada, com os salários em dia e que todas as informações financeiras estão nos documentos de transição. No decreto consta que o sistema de informações do Executivo ficou travado e sem condições de acesso durante dias, sendo liberado nesta segunda-feira (16). Diz ainda que as ruas da cidade estão esburacadas, a unidade de saúde em conclusão está sem equipamentos, que a creche municipal tem pendências na prestação de contas, e que a praça em reforma teve os recursos gastos. Além disso, o documento diz também que a escola municipal precisa de reforma e que a frota está sucateada." (18 jan. 2017). Disponível em: http://g1.globo.com/minas-gerais/triangulo-mineiro/noticia/2017/01/prefeitura-de-romaria-decreta-estado-de-calamidade-administrativa.html. Acesso em: 24 fev. 2018.

"No período de 16 de janeiro a 17 de fevereiro a operação especial do TCM visitou 30 municípios no intuito de verificar se os elementos alegados nos decretos de emergência ou de calamidade pública emitidos por Prefeituras atendem a critérios legais, autorizando, dessa maneira, a realização de despesas sem licitação. As constatações mais frequentes nessas fiscalizações foram: inércia administrativa (omissão) na adoção de medidas para normalizar a situação dita como anormal; aquisição de bens e contratação de serviços sem precedência de adequado procedimento de licitação e contratação, com burla à legislação que regula a matéria; falhas em procedimento de dispensa de licitação; pessoal trabalhando sem a devida formalização do vínculo funcional; inexistência de controle interno sobre as atividades executadas na atual gestão; vínculo entre agentes públicos e empresa fornecedora de bens ou serviços." (03 mar. 2017). Disponível em: http://www.tcm.ce.gov.br/tcm-site/noticias/tcm-conclui-entrega-de-relatorios-ao-mpce. Acesso em: 24 fev. 2018.

transição de gestões do executivo municipal. Sabe-se que as sociedades cujas culturas se baseiam em fortes *vínculos interpessoais* – como a brasileira – podem ter dificuldade na implantação de uma burocracia moderna, por entender que as lealdades de família, amizade e de grupo político são valores mais importantes do que uma boa administração pública. Outrossim, redes de confiança, de reputação, e sentimento de cumprimento espontâneo de obrigações são exemplos de normas de comportamento em princípio admiráveis que podem favorecer a corrupção. Portanto, o enraizamento histórico cultural da corrupção na sociedade brasileira torna-se um problema econômico e político, que eleva o custo para as finanças públicas e para a legitimidade da política (ROSE-ACKERMAN, 2001), configurando a *imaturidade do sistema político* um obstáculo de difícil transposição no controle da transição de governos municipais.

Permanece atual o pensamento de Artur Ramos de Araújo Pereira (1998), acerca do *narcisismo político* e suas consequências negativas sobre a alternância de poder e continuidade administrativa:

> Na esfera administrativa, o narcisismo é responsável por toda esta descontinuidade administrativa em que tem vivido. É verdade que não pôde haver ainda uma separação, no Brasil, entre a vida política e a vida administrativo-técnica, de maneira a assegurar a continuidade desta última. Mas, além desta causa, há a outra, dominante, do administrador narcísico, que nega a obra do seu predecessor. E daí o querer destruir tal reforma anterior e "criar" uma nova. O pensamento imaginativo e narcísico é "criador", mas um criador todo-poderoso que quer fazer surgir um mundo do nada. O administrador narcísico faz tábua rasa de tudo o que o precedeu, de tudo o que não é ele. Conseqüência: pode ser muito interessante o que ele fez do ponto de vista individual, mas sem continuação, sem ligação com as reais necessidades da comunidade. Esta é a história psicológica das nossas reformas sucessivas e das soluções de continuidade da nossa vida cultural. (p. 66)

Acrescente-se que as externalidades negativas do narcisismo político, no âmbito municipal, não são causadas apenas pelos administradores sucessores, mas também pelos antecessores. Daí o reiterado "desmonte" dos bens e das finanças públicas em fim de mandato.

No mais, é comum que governos municipais estejam sob o controle de elites locais, pois a dimensão reduzida da rede pública local e a proximidade e mesmo intimidade entre agentes públicos entre si e com privados, criam ambiente propício. Assim, não apenas no Brasil, mas até mesmo em países desenvolvidos como EUA e Alemanha, há *corrupção maior nas estruturas públicas locais* (ROSE-ACKERMAN, 2001).

É verdade que a legislação brasileira já contempla um complexo normativo considerável a servir de ferramenta para o combate à corrupção: Lei nº 1.079/1950 (crimes de responsabilidade); Lei nº 4.717/1965 (ação popular); Decreto-Lei nº 201/1967 (responsabilidade dos prefeitos e vereadores); Lei nº 7.347/1985 (ação civil pública); Lei nº 7.492/1986 (crimes contra o sistema financeiro nacional); Lei nº 8.429/1992 (improbidade administrativa); Lei nº 8.730/1993 (obrigatoriedade de declaração de bens e rendas para o exercício de cargos, empregos e funções públicos); Lei Complementar nº 101/2000 (Lei de Responsabilidade Fiscal); Lei nº 9.613/1998 e suas alterações (crimes de lavagem e ocultação de dinheiro, bens e valores); Lei nº 10.028/2000 (alterou o Código Penal Brasileiro para estabelecer crimes contra as finanças públicas); Lei nº 11.111/2005 e, posteriormente, em substituição, a Lei nº 12.527/2011 (acesso às informações públicas) (LEAL, 2017). Acrescenta-se a este rol a Lei nº 12.850/2013 (organizações criminosas) e a Lei nº 12.846/2013 (anticorrupção).

Com efeito, o legislador, preocupado com este período delicado, através da Lei nº 10.028/2000, inseriu no Código Penal Brasileiro alguns crimes específicos, referentes ao endividamento ou aumento de despesas com pessoal no último ano de mandato (arts. 359-C e 359-G do CPB).[100] Ambos os tipos penais contêm elementar temporal, reconhecendo que as especificidades da transição de mandatos devem refletir na penalização de condutas. Notadamente, procura-se proteger o equilíbrio das contas públicas e inibir o aumento de despesas de pessoal (frequentemente com razões eleitoreiras), em face da iminente sucessão de mandatários, a fim de evitar que o administrador inviabilize ou dificulte financeiramente a próxima gestão (BITENCOURT, 2016). O Direito Penal, pois, tem-se expandido na repressão de crimes contra a Administração Pública e correlatos (*v.g.* lavagem de capitais, associação e organização criminosa), mas ainda assim a corrupção ganha força em razão da *insuficiência de controles* preventivos e repressivos e, muitas vezes, da *"cumplicidade" da*

---

[100] Art. 359-C. Ordenar ou autorizar a assunção de obrigação, **nos dois últimos quadrimestres do último ano do mandato ou legislatura**, cuja despesa não possa ser paga no mesmo exercício financeiro ou, caso reste parcela a ser paga no exercício seguinte, que não tenha contrapartida suficiente de disponibilidade de caixa: (Incluído pela Lei nº 10.028, de 2000)
[...]
Art. 359-G. Ordenar, autorizar ou executar ato que acarrete aumento de despesa total com pessoal, **nos cento e oitenta dias anteriores ao final do mandato ou da legislatura**: (Incluído pela Lei nº 10.028, de 2000)

comunidade, com *baixa normatividade e concretização assimétrica das regras legais*, sintoma de *imaturidade jurídica* (FERREIRA, 2017).

Mais um grande desafio dos órgãos de controle no período crítico advém da exigência de um *timing* acelerado de fiscalização, considerando o apertado calendário pós-eleitoral. Assim, como o resultado da eleição, no Brasil, se dá em meados de outubro, e a efetiva transição, ao final do ano, concentram-se em curto espaço de tempo (pouco mais de dois meses) atos e omissões lesivos à boa administração, a merecerem controle diferenciado. No entanto, limitação de recursos (materiais e humanos) não permite a visitação tempestiva de todos os municípios. Então, normalmente há escassez de tempo e recursos, grave obstáculo a ser enfrentado.

Ainda, outra barreira a ser vencida muitas vezes diz respeito à *ausência, nas instituições públicas de controle, de uma cultura de inteligência operacional*, que permita uma flexibilidade estratégica, comprometida com resultados e disposta a trabalhar em conjunto com outros órgãos, em regime de planejamento, com cronograma e estabelecimento de metas.

Também não contribui a *visão predominantemente estática, engessada, das possibilidades e intensidade de controle jurídico*, sem levar em conta as peculiaridades e complexidades concretas do objeto de controle e suas circunstâncias, modelo claramente insuficiente ao enfrentamento dos desafios específicos que se apresentam no curso da transição de gestões municipais.

Outrossim, como a alternância de poder é essencial ao princípio republicano, é imprescindível construir mecanismos que impeçam a solução de continuidade dos serviços públicos essenciais na transição governamental. Necessário que os governantes eleitos se inteirem dos assuntos de governo antes mesmo da posse, para que tenham condição de, já nos primeiros dias da nova gestão, tomar decisões relevantes (DINO; LAGO, 2017).

A literatura especializada evidencia que a experiência e os esforços estrangeiros para redução dos traumas decorrentes da transição governamental são focados na montagem de equipes de transição, com integrantes dos governos antigo e novo. Assim, o *modelo inglês* consiste em estimular contatos com a oposição com o *Civil Service*, que atua como mediador independente, apesar de fiel ao Primeiro Ministro em exercício. Há também registro de procedimentos de transição consistentes em debates e convenções abertas, na *Austrália* e *Nova Zelândia*. A intenção primordial não é prevenir desvios, mas preparar a mudança e viabilizar o novo governo. Outrossim, segundo consta, é dos EUA a primeira norma sobre transição governamental republicana (*Presidential Transition Act of 1963, Public Law 88-277* (EUA, 1964)). Na versão original, esta lei garante ao Presidente e vice eleitos, escritório equipado, equipe de transição remunerada, custeio de consultoria, viagens, telecomunicação e outros. *A Pre-Election Presidential Transition Act of 2010 – Public Law 11-283*, alterou a lei de transição de presidencial de 1963 para que determinados serviços de transição estejam disponíveis a candidatos já no período pré-eleitoral (RIDDEL; HADDON, 2009). O *Canadá*, sob sistema político parlamentarista, também adota boas práticas de transição, cujo processo pode durar até doze meses. Em 1999, o *Public Policy Forum* constituiu equipe composta por pessoas experientes, para estudar o assunto e identificar boas soluções, a qual elaborou protocolos, guias procedimentais e recomendações (RÍOS; CASTRO, 2015). Estes são exemplos de países cujas transições governamentais são marcadas por alto nível de transparência e institucionalidade.

Também na *América Latina*, embora a construção de ferramentas legais e institucionais capazes de ordenar a transição governamental seja de um modo geral "una agenda pendiente",[101] podem ser encontrados exemplos de boas práticas, como no caso de *Porto Rico*, em que a Lei nº 197/2002 estabelece que ambos os governos (o que entra e o que sai) devem constituir uma comissão de transição (RÍOS; CASTRO, 2015). No *Brasil*, a Lei Federal nº 10.609, de 20.12.2002 foi a primeira a institucionalizar a transição governamental no âmbito da Presidência da República, garantindo ao Presidente eleito uma equipe de transição (DINO; LAGO, 2017), estratégia que vem sendo utilizada em larga escala pelos demais entes federativos. *Todavia, a experiência revela que no âmbito municipal as equipes de transição, apesar de importantes, são insuficientes a garantir uma transição ordeira e transparente, à míngua de uma cultura política adequada à promoção do diálogo entre opositores. Daí a necessária complementação de um controle jurídico intensificado, realizado por agentes externos independentes.*

Ademais, os municípios têm sérias dificuldades para a estruturação do seu sistema de controle interno, em face da necessidade de selecionar profissionais qualificados ao bom exercício da função, quadro que é agravado nos municípios de pequeno porte (ALCÂNTARA, 2012). Não é raro, pois, encontrar *controles internos mal estruturados*, o que resulta em baixíssima autocrítica do ente público municipal.

---

[101] O autor se refere às deficiências sobretudo da Argentina (RÍOS; CASTRO, 2015, p. 1).

Tais óbices, que se somam no período em tela, refletindo *imaturidade política e jurídica*, entretanto, não constituem empecilho insuperável, desde que haja uma mudança de "mentalidade" das instituições independentes de controle, a partir de uma releitura do ordenamento constitucional, mais precisamente, através do reconhecimento e concretização da dimensão principiológica do direito fundamental à boa administração pública e de sua vertente, o bom controle público.

5.3 Direito à boa administração pública como paradigma para modelar os controles jurídicos na transição de mandatos municipal

O Direito Administrativo deve construir formas, organizações e procedimentos que possibilitem a concretização constitucional e realização dos direitos fundamentais (PESSOA, 2009). A concretização do princípio da boa administração não se contenta com a importação de mecanismos da ciência da administração privada para o âmbito estatal. Abrange o aperfeiçoamento de ferramentas específicas, próprias da seara pública, como os órgãos de controle. Nessa esteira, a teoria da gestão pública deve ser orientada à resolução de problemas concretos (COSTALDELLO, 2011), sendo indispensável um controle que viabilize *na prática* o direito fundamental à boa administração pública (FREITAS, 2004).

Pontue-se que quando se afirma que o direito à boa administração pública, a exigir bom controle público, é importante para determinado fim, o que se pretende, sem maior polêmica, é apenas sintetizar a fórmula de que a concretização (e harmonização), na medida do possível, de todos os princípios constitucionais administrativos, levados a sério em sua normatividade mas sem perda de flexibilidade, é especialmente relevante para a consecução de certo escopo.

Outrossim, o Direito Administrativo contemporâneo assumiu a condição de promotor de *políticas públicas que transcendem o período de um mandato*. Prevalecem, ao menos em tese, as noções de *continuidade pós-governamental* e planejamento estratégico (FREITAS, 2004), o qual abrange os meios e os resultados de uma atividade, em dado limite temporal, levadas em conta as dificuldades concretas e complexidades, *independente da alternância de titulares do ente público* (COSTALDELLO, 2011). A transição de mandatos desponta, pois, como período especialmente sensível, vez que é de curta duração, mas, se desordenada, pode gerar problemas de longo prazo (RÍOS, CASTRO, 2015). Nessa linha de raciocínio, é induvidoso que *o direito à boa administração exige uma transição governamental ordenada.*[102]

O período da transição de mandados municipais, como já se disse, desafia aceleração e flexibilidade dos controles públicos bem acima da média, com reflexo na sua intensidade material e procedimental, os quais precisam se adaptar à velocidade do período, notadamente em face da escassez de tempo e recursos humanos. Isso reclama uma postura mais arrojada por parte dos agentes de controle, pois o controle *a posteriori*, no caso, é praticamente sinônimo de controle tardio, já que com o término do mandato e virada do ano, perde-se em grande medida a eficácia. Assim, os controles preventivos e concomitantes, por mais razões ainda do que em outras situações, devem prevalecer.

De seu turno, o Poder Judiciário, uma vez provocado, precisa ter especial sensibilidade em relação aos princípios da prevenção e precaução, valendo-se de medidas de caráter urgente, sem oitiva da parte contrária se o caso recomendar. Um juízo de proporcionalidade no final do mandato autoriza que se dê maior peso na balança à proteção da coisa pública e do princípio da continuidade dos serviços públicos essenciais, inclusive, a depender da gravidade, com bloqueio de verbas, afastamento do gestor público nomeado ou eleito e até aplicação de medidas cautelares penais mais severas. É evidente que o aspecto temporal deve ser levado em consideração nestes sopesamentos, pois as exigências de boa administração e de bom controle público são realmente diferenciadas no período em foco.

Longe de se pretender uma corrupção indevida do sistema político pelo Direito, ou um agigantamento deste, trata-se em verdade de uma autoafirmação do sistema jurídico, cujas pretensões regulatórias são legítimas, desde que não se afaste de seu tema, do código lícito/ilícito. No mais, tal influência (interferência) do Direito na Política e na Administração Pública, claro, precisa se dar através do acoplamento estrutural que liga os sistemas envolvidos, propiciando um aprendizado recíproco, a saber, a Constituição Federal.

Os *princípios*, por sua natureza e estrutura linguística, possuem *maior capacidade de aprendizado dos que as regras*. Com efeito, é inegável que o processo de concretização dos princípios é processo bem mais complexo e sofisticado do que a subsunção das regras, mesmo que se admita alguma ponderação na aplicação destas e se refute a lógica do

---

[102] Nesse sentido: RIDDEL; HADDON, 2009, p. 67. Os autores vinculam uma transição suave (*smooth*) à ideia de *good government*.

tudo ou nada. Portanto, *somente por meio dos princípios constitucionais componentes da boa administração pública se viabilizam possibilidades suficientes de trocas de aprendizado entre os sistemas político, jurídico e administrativo*. Os controles jurídicos precisam, pois, olhar para o seu ambiente, evoluindo a partir de suas próprias estruturas normativas. Os sistemas político e administrativo, por sua vez, olham para o Direito e aprendem, evoluem, amadurecem. Só assim o Direito exercerá sua função regulatória de forma satisfatória, e se caminhará rumo a uma progressiva autopoiese dos referidos sistemas.

Então, o direito à boa administração pública, com suas exigências de bom controle público, demanda do sistema jurídico observação atenta do ambiente, incluindo outros sistemas ao seu entorno, marcadamente o político e o administrativo (*abertura cognitiva principiologicamente orientada*). Disso deve resultar evolução (amadurecimento) do Direito, com consequente adaptação da intensidade de controles em razão da natureza do seu objeto, do contexto e das instituições envolvidas, tudo *concretamente* analisado.[103] Na transição de mandatos municipais, esse processo implica adoção de variadas estratégias práticas (do planejamento à execução), legítimas quando compatíveis com a Constituição.

5.4 Adaptação da intensidade dos controles jurídicos da Administração Pública na transição de mandatos municipal: aspectos práticos

É momento de se perguntar como se intensificam na prática os controles jurídicos da Administração Pública para fazerem frente aos desafios do curto período de transição de mandatos. É incontroverso que isso exija uma atitude diferenciada da parte de diversos atores. Tanto que a Presidência da República emitiu, para a transição municipal de 2016, cartilha com orientações para os gestores municipais em encerramento de mandato. De um modo geral, podem-se destacar as seguintes sugestões:

a) instalar equipe de transição, com representantes do governo atual e do candidato eleito;

[103] Afinal, boa administração é conceito "*que exige contextualização*; que não se põe como um absoluto objetivo, que uma vez identificado, possa ser reproduzido com sucesso em qualquer momento ou organização" (VALLE, 2010, p. 221).

b) órgãos e entidades da Administração Pública municipal deverão elaborar e apresentar relatório com informações sobre decisões relevantes, principais ações, projetos e programas;

c) a equipe de transição deve ter amplo acesso a dados e informações financeiras, patrimoniais e estruturais, disponibilizado apoio técnico e administrativo;

d) observância das regras de final de mandato contidas na LRF, com objetivo de evitar que o "ciclo político" prejudique o equilíbrio econômico-financeiro municipal;

e) observância das proibições da lei eleitoral;

f) a atual administração deve verificar o cumprimento da legislação ao longo do mandato, com adoção de medidas corretivas.[104]

Identificam-se, em suma, os seguintes pontos sensíveis: formação de equipe de transição; cumprimento da LRF e demais normas financeiras; respeito à legislação eleitoral e administrativa.

Como já foi abordado no item 5.3, verifica-se na prática que *as equipes de transição instaladas no âmbito municipal não desenvolvem todo o seu potencial* (são frequentes as obstruções ao seu trabalho ou negligência de seus integrantes), em face do ambiente cultural e político desfavorável ao diálogo, razão pela qual *se faz necessário um reforço por parte das instituições de controle.* Até porque, diferente de países como Canadá, Nova Zelândia, Reino Unido, entre outros em estágio civilizatório mais avançado, a preocupação, nos municípios brasileiros, não é apenas com a educação e informação do governo novo, e sim, sobretudo, com a depredação patrimonial e interrupção de serviços públicos essenciais no final de mandato.

Por sua vez, a Lei de Responsabilidade Fiscal estabeleceu tetos para a razão entre despesas de pessoal e receita corrente líquida; assegurou que não haverá criação de nova despesa sem fonte de custeio, e que o valor dos restos a pagar de um ano no seguinte deve limitar-se, no último ano de governo, ao valor dos recursos em caixa; proíbe refinanciamento de dívida, entre outras medidas moralizadoras do posto de vista fiscal (CIALDINI; AFONSO, 2016). A LRF determina que, para o equilíbrio financeiro haja, ano a ano, superávit financeiro do balanço patrimonial, para honrar dívidas flutuantes, notadamente

---

[104] PRESIDÊNCIA DA REPÚBLICA DO BRASIL (2016). Orientações para o gestor municipal: Encerramento de mandato. Recentemente foi disponibilizado o *Guia do Prefeito + Brasil: Como deixar a prefeitura em dia no último ano de mandato*, conjunto de materiais digitais elaborado pela Secretaria Especial de Assuntos Federativos da Secretaria de Governo com sugestões aos gestores municipais de como realizar o encerramento do mandato 2017-2020.

restos a pagar e despesas de exercícios anteriores, sob pena de distorção orçamentária e risco de descontrole do déficit financeiro, tornando o ajuste de último ano de mandato mais complicado (art. 42 da LRF). O controle do art. 42 da LRF deve se dar mediante a comparação entre a dívida líquida de curto prazo no final de abril e a de 31 de dezembro. Se esta for maior do que aquela é porque houve despesas sem compromisso de caixa. Assim, a despesas dos últimos oito meses de mandato não podem ser transmitidas ao próximo gestor sem lastro de caixa. (art. 42, LRF) (CIALDINI; AFONSO, 2016). Outrossim, a LRF apresenta indicadores, que são introduzidos bimestralmente no Relatório Resumido de Execução Orçamentária (RREO) e quadrimestralmente no Relatório de Gestão Fiscal (RGF), sendo estas importantes peças de consulta dos administradores e agentes fiscalizadores. No entanto, a Lei de Responsabilidade Fiscal não será eficaz se não houver disposição do administrador para elaborar orçamentos realistas, sistemas contábeis que produzam dados confiáveis e mecanismos adequados de controle interno e externo (CIALDINI; AFONSO, 2016). Assim, *a LRF não substitui a necessidade de controles eficazes (pelo contrário).*

Ainda, necessário que os gestores (e controladores) se socorram também das demais *normas financeiras e conceitos correlatos*: receita corrente líquida, por exemplo, é a principal variável para balizar despesas públicas municipais. É comum no âmbito municipal a perniciosa prática de superestimativa de receita, com efeitos deletérios, daí a importância da análise do resultado entre receitas arrecadadas e despesas empenhadas, sendo vedado empenhar despesas de pessoal de dezembro no início do ano seguinte. (art. 35, II c/c 60 da Lei nº 4.320/64). Não obstante, as fragilidades dos entes municipais são imensas: em relação às receitas, muitas vezes os municípios acomodam-se com as transferências financeiras, sem implementar sua competência tributária; é comum no âmbito municipal a debilidade técnica das peças orçamentárias e do acompanhamento de sua integração e execução (CIALDINI; AFONSO, 2016).

Também os controles da administração pública apresentam *deficiências comuns*, que precisam ser superadas para que se possa pensar em aumento de sua intensidade: *baixos níveis de integração, tempestividade e seletividade*,[105] o que pode ser superado por parcerias entre órgãos de controle, planejamento estratégico e gestão de prioridades (FREITAS, 2015).

---

[105] *Op. cit.* (BARROS, 2017, p. 288).

De fato, *as iniciativas de colaboração entre instituições são indispensáveis para evitar nociva competição institucional* entre órgãos de controle, decorrente da sobreposição de atribuições fiscalizatórias (MARQUES NETO; PALMA, 2017).[106] Há uma afinidade natural entre os Tribunais de Contas e o Ministério Público, no sentido de que ambos possuem função fiscalizatória e não se encaixam perfeitamente na estrutura da clássica divisão tripartite de "Poderes" (funções) estatais. Essa afinidade sugere uma aproximação entre os órgãos, nos moldes de uma colaboração mútua, e não de requisição ministerial, vez que ambos possuem relevantes missões constitucionais a cumprir (FERNANDES, 2016). Uma parceria inteligente e produtiva reclama horizontalidade, diálogo, planejamento e execução conjuntos. Parceria não é exercício de autoridade, mas sim de humildade e reconhecimento de limites mútuos.

No que tange à seletividade e tempestividade, é de se anotar que especificamente na transição de mandatos municipais, a escassez de recursos (materiais e humanos) dos órgãos de controle estaduais (notadamente MPE e Tribunal de Contas, em operações conjuntas), e de tempo, reclamam escolhas, para a confecção de um calendário inteligente de fiscalização. Surge, pois, a necessidade de *elaboração de matriz de risco*,[107] com o *ranking* probabilístico dos municípios mais complicados, para o que se mostra apropriada base de dados marcadamente quantitativa, matematicamente aferível, com utilização de planilha eletrônica (BEREZOWSKI, 2013), sem descuidar de complementação qualitativa,[108] com dados estruturados e semiestruturados, como informações trazidas por denúncias e a contribuição da experiência dos profissionais de controle (*base informacional ampla e variada*). Descartado, assim, o sorteio, por não equilibrar adequadamente objetividade com eficiência.[109]

---

[106] É preciso que se diga que além da competição interinstitucional, não raro ocorre competição intrainstitucional, ou seja, entre membros de uma mesma instituição, fenômeno que tem efeitos autofágicos indesejáveis, podendo acarretar distorções na atuação do órgão público, e que também tem relação com o pessoalismo ainda entranhado na cultura brasileira.

[107] Risco pode ser compreendido como expressão da probabilidade de ocorrência e do impacto de eventos futuros e incertos, com potencial de influência sobre objetivos organizacionais (BARROS, 2017).

[108] Sobre a possibilidade de combinação metodológica entre análises quantitativas e qualitativas na avaliação de riscos para o fim de definir ações de controle (BARROS, 2017).

[109] Discorda-se, neste ponto específico, de Juarez Freitas, que elogia o sorteio de unidades a serem fiscalizadas pelo controle externo como expediente útil e ilustrativo do princípio da imparcialidade (FREITAS, 2004, p. 52). Entretanto, no curto período da transição de mandatos, em que os municípios dificilmente serão todos fiscalizados, é preciso concertar uma matriz de risco, cuja predominância de critérios objetivos (quantitativos) não porá em risco a imparcialidade dos controles, conferindo-lhes ainda maior eficácia.

Entre os *indicadores objetivos* a serem levados em conta: o orçamento e a arrecadação municipal, pois os municípios que manejam maior quantidade de recursos públicos evidentemente merecem uma atenção proporcional (OLIVEIRA; VIANA, 2010). Outros indicadores úteis: total do saldo a pagar; relação entre os valores arrecadados e o que já foi liquidado; volume das despesas com obras e gastos com pessoal, especialmente terceirizados; procedimentos licitatórios abertos no período crítico; regularidade ou não da situação previdenciária.[110] Enfim, o monitoramento dos gastos e endividamento (sanidade financeira) do município. É possível ainda balizar a situação financeira municipal com outros indicadores: índice de liquidez, índice de esforço fiscal próprio, índice de comportamento da execução das despesas, e relação entre o passivo financeiro e recursos disponíveis imediatamente em tesouraria (CIALDINI; AFONSO, 2016). Todos estes indicadores são capazes de influenciar na análise de risco e auxiliar um planejamento adequado dos gastos públicos. No mais, o ciberespaço é excelente para registro e exploração de dados (LÉVY, 2011). Atualmente, as normas de transparência conferem ampla acessibilidade a dados públicos, permitindo um planejamento fiscalizatório através de consultas na internet.

A este planejamento segue execução, em apertado cronograma, com investigação em tempo real levada a efeito *in loco*, com soma de capacidades entre as instituições de controle envolvidas. Nestas inspeções, os controladores devem colher cópia do máximo de documentação relevante possível, realizar entrevistas e até tomada de depoimentos, além de observar a realidade das prestações de serviço público (filmando ou fotografando, se necessário), para traçar o quadro mais completo acerca das práticas de transição e da situação financeiro-administrativa do município, seguida de célere compartilhamento de dados (de forma menos burocrática possível).

A esta mudança de postura (intensidade procedimental) deve acompanhar uma maior amplitude de análise (controle menos deferente, menos formalista, muitas vezes baseando-se em indícios, focado em aspectos relevantes da Administração, comprometido com os princípios da prevenção e precaução). Então, entre os principais "alvos" dos controles administrativos devem estar os *contratos celebrados pelo ente público*. No documento *Perfil dos municípios brasileiros*, elaborado em

---

[110] Tais indicadores foram utilizados pelo TCM-CE na formação de matriz de risco, na fiscalização da transição de 2016-2017, para embasar operações conjuntas com o MPCE. Vide item 5.5, abaixo.

2016 pelo IBGE, referente ao ano de 2015, foi ressaltada a tendência no âmbito da Administração Pública municipal, de contratação de empresas privadas para a realização de serviços públicos ou para funções de assessoria.[111] Multiplicaram-se, pois, as assessorias: jurídica, contábil, de projetos, entre outros, sobretudo nos municípios menores.[112] Além de assessorias, é comum a contratação de empresas para realizar diretamente serviços públicos municipais, destacando-se a limpeza urbana e coleta de resíduos sólidos.[113] Assim, os agentes fiscalizadores da Administração Pública municipal devem ter em mente esta realidade, abrangendo a fiscalização das atividades dessas empresas, sob ótica da impessoalidade e legalidade na contratação, economicidade dos valores envolvidos, eficácia na prestação do serviço, compreendendo assim um controle formal e de resultados.

Tão importante quanto a fiscalização dos contratos celebrados é o controle daqueles que não o foram. Visita *in loco* pode revelar empresas e pessoas realizando serviços públicos sem contrato em vigor. Vale lembrar que o pagamento de despesa sem cobertura contratual caracteriza contratação verbal vedada (SANTOS, 2017).

---

[111] IBGE. Perfil dos municípios brasileiros: 2015. Rio de Janeiro, 2016. "A contratação de empresas que fornecem mão de obra especializada para o desempenho de determinadas atividades do processo produtivo vem sendo cada vez mais frequente no setor público de uma forma geral, razão pela qual a terceirização de serviços pelas prefeituras municipais foi objeto da Pesquisa de Informações Básicas Municipais – Munic 2015. A contratação de empresas privadas e/ou pessoas pelas prefeituras municipais foi pesquisada tanto na área de assessoria quanto na execução direta de serviços públicos."

[112] IBGE. Perfil dos municípios brasileiros: 2015. Rio de Janeiro, 2016. "Segundo os dados obtidos com a pesquisa, a assessoria era contratada em 85,8% (4 777) dos municípios brasileiros, podendo se apresentar de diferentes formas: jurídica, contábil/financeira, cartográfica, para realizar atividades de contratação e pagamento de funcionários, e para elaboração de projetos para captação de recursos".
O serviço de assessoria era mais frequente nos municípios com menor porte populacional. Quando consideradas as diferentes modalidades de assessoria contratadas pelas prefeituras municipais, observou-se que os serviços de natureza contábil/financeira (como diagnóstico, acompanhamento e avaliação da gestão orçamentária municipal) e os de natureza jurídica (como emissão de pareceres, aprovação de minutas de editais, contratos, acordos, convênios e outras ações que requeiram a ação de profissionais de Direito) eram os mais frequentes nas administrações municipais: 82,9% (3 959) e 72,0% (3 439) dos municípios, respectivamente.

[113] IBGE. Perfil dos municípios brasileiros: 2015. Rio de Janeiro, 2016. "Além de terceirizar serviços de assessoria, as prefeituras também contratam empresas para desempenhar diretamente atividades de responsabilidade da Administração Pública municipal, em áreas como: segurança dos prédios da prefeitura, iluminação pública, limpeza urbana e coleta de resíduos sólidos domiciliar, hospitalar e industrial."
Segundo os dados da Munic 2015, 85,6% (4 769) dos municípios brasileiros terceirizavam pelo menos um desses serviços. Nestes, a atividade mais frequente era a coleta de resíduo sólido hospitalar, realizada em 76,1% (3 630) dos municípios; seguida da coleta de resíduo sólido domiciliar, em 53,6% (2 558); iluminação pública, em 44,3% (2 113); e limpeza urbana, em 42,1% (2008).

Inegável que a fiscalização dos contratos pressupõe a dos respectivos *procedimentos licitatórios*. Os meios de comunicação frequentemente dão notícia de criminalidade organizada especializada em fraudar procedimentos licitatórios, notadamente por meio de manipulação de editais com direcionamento do objeto, de critérios de habilitação, ou conluio entre empresários para manipulação de preços (NAVES, 2012).

Especialmente importantes, portanto, os *controles da fase interna da licitação*, com atenção para a precisão e idoneidade do projeto básico das obras e serviços, a adequada especificação qualitativa e quantitativa do objeto, exigências para habilitação, em conformidade com a Lei nº 8.666/93 (NAVES, 2012). Deve-se também ter *atenção aos preços de mercado* dos produtos adquiridos. A ausência de controle da fase interna da licitação tem efeitos negativos sobre o resultado do procedimento, acarretando desperdício, ineficiência e corrupção (FREITAS, 2004).

Também os *procedimentos de dispensa de licitação* (em sentido amplo) merecem atenção. Por exemplo, a dispensa de licitação exige motivação adequada, a demonstrar que a não realização do certame, nas circunstâncias concretas, é a melhor opção para atender ao interesse público. Insuficiente a indicação do fundamento legal (MARTINS, 2015). Importante fiscalizar se o motivo alegado para a dispensa de licitação corresponde à realidade fática, afinal, uma motivação coerente no papel pode se basear em dados empíricos falsos.

Outro foco dos controles jurídicos é, sem dúvida, a *execução dos serviços públicos*. Não se confunda a titularidade do serviço público com a titularidade da efetiva prestação do mesmo. Com o aumento das funções estatais, o ente público passou a transferir a particulares a prestação de alguns serviços públicos de sua competência, sem perder, entretanto, a sua condição de titular, mantendo assim o dever de fiscalizar. A transferência da execução do serviço público para particulares não altera sua natureza jurídica nem o regime jurídico a que se encontra submetido. Da mesma forma, o fato de que a saúde e a educação não são atividades exclusivamente públicas não as desqualifica como serviço público quando forem prestadas pelo Estado (DAL POZZO, 2012).

Um dos requisitos do serviço público é a sua *essencialidade* (DAL POZZO, 2012). De toda forma, consideramos a expressão 'serviços públicos essenciais' um pleonasmo útil, na medida em que ressalta essa importante qualidade, que deve estar na mente dos gestores e agentes de controle a cada momento.

Entre os serviços públicos prestados diretamente ou contratados pelos municípios, a merecerem controle intensificado, destaca-se a *limpeza urbana*. Com efeito, em que pese à Lei de Saneamento Básico (Lei nº 11.445/2007) não ter definido expressamente a titularidade do serviço (que inclui a limpeza urbana e manejo de resíduos sólidos), o entendimento dominante é no sentido de ser competência municipal (DAL POZZO, 2012), por ser de interesse local (art. 30, V da Constituição Federal de 1988).[114]

As prerrogativas exorbitantes da Administração Pública estão previstas no art. 58 da Lei nº 8.666/93, que consubstanciam na verdade *deveres* dos agentes públicos (e de controle) em fiscalizar a execução dos contratos administrativos, e suas consequências: modificação, rescisão, sanção, ocupação provisória de bens, pessoal e serviços vinculados ao objeto do contrato. Aliás, *a fiscalização da execução contratual é fase necessária do processo de liquidação da despesa pública*. Com efeito, o controle da execução contratual é uma das etapas do procedimento de despesa pública: a liquidação (art. 62 da Lei nº 4.320/64), que é composto das seguintes fases: empenho; liquidação; ordem de pagamento; pagamento. O registro da fiscalização é, pois, formalidade essencial e condição para a liquidação da despesa (SANTOS, 2017). Portanto, o controle externo deve refazer os passos do controle interno, para verificar se a despesa foi efetuada com responsabilidade, ou seja, apenas após a fiscalização e medição da realização do serviço público.

Reza a Lei de Licitações que a *subcontratação total ou parcial do objeto contratual* sem previsão no edital e no contrato é motivo para rescisão unilateral (art. 79, VI da Lei nº 8.666/93). Subcontratações irregulares estão entre as principais fontes de fraudes, merecendo cuidado redobrado. Segundo o Tribunal de Contas da União, em decisão citada pela doutrina, é vedado exigir propriedade de equipamentos ou veículos como requisito de capacidade técnica. Regra esta que admite exceções em situações concretas que evidenciem que a propriedade de certos bens é imprescindível à segurança da execução contratual (SANTOS, 2017). Com efeito, essa regra precisa ser bastante flexibilizada, para viabilizar a exigência de uma estrutura mínima da empresa. Somente assim se pode combater as empresas "fantasmas", que não são mais do que papelada que se converte em mão de obra para execução contratual, não raro em contrato conquistado por meio de corrupção. Tais empresas se proliferam e dominam as contratações públicas, concorrendo entre si em procedimentos ajustados, para dar uma aparência de legalidade.

---

[114] Aliás, a Lei de Saneamento Básico reforça os parâmetros jurídicos para a boa administração do serviço, no art. 43 da Lei nº 11.445/2007: A prestação dos serviços atenderá a requisitos mínimos de qualidade, incluindo a regularidade, a continuidade [...]

Assim, deve-se encontrar um equilíbrio para evitar tanto a restrição de concorrência por exigências desnecessárias quanto a participação de empresas inexistentes.

Outro ponto relevante de análise são os atos de *prorrogação de serviços contínuos*, de prestação inadiável (obrigação de fazer para atender necessidades permanentes), a exemplo da limpeza pública, vigilância e alimentação (não estão incluídos aquisição de combustíveis e fornecimento de passagens aéreas, por configurarem, respectivamente, fornecimento e compra, e não prestação de serviços). Entre outros parâmetros a serem observados, a prorrogação contratual deve respeitar o limite máximo da modalidade de licitação realizada, bem como a excelência do serviço prestado. Para tanto, indispensável que a Administração Pública tenha um bom sistema de acompanhamento e fiscalização da execução do contrato. Entretanto, na prática as alterações contratuais são instrumentos de fraude. Assim, é importante que os órgãos de controle atentem aos limites das alterações contratuais, notadamente: integridade e identidade do objeto; mercado concorrencial original; percentuais legais; capacidade técnica e econômico-financeira do contratado (SANTOS, 2017).

Há *controvérsia sobre a licitude de locação de equipamentos e veículos destinados a necessidades permanentes* da Administração. Entretanto, a solução não é apriorística, devendo-se analisar no caso concreto se a decisão de locação, em comparação com uma hipotética compra dos mesmos bens, trouxe prejuízos econômicos ou operacionais ao ente público, em ferimento aos princípios da economicidade e eficiência, vez que em tese ambas as opções possuem vantagens e desvantagens (a locação, *v.g.*, não gera incorporação do bem ao patrimônio público, mas reduz gastos com manutenção) (SANTOS, 2017). Uma vez detectado que a escolha tomada gerou evidente prejuízo aos cofres públicos, não devem os controles se furtar à prevenção e responsabilização em respeito a uma discricionariedade do gestor, que a rigor não abrange escolhas atentatórias à boa administração.

Os controladores devem *observar eventual "jogo de planilhas"*: nos contratos cujo regime de execução é o de empreitada por preço global, pode haver distorções nos preços unitários (alguns para mais, outros para menos), gerando prejuízo ao erário quando há alterações que objetivem suprimir ou reduzir determinados itens da planilha (os subfaturados) e acrescer outros (superfaturados), resultando em pagamento de bens, serviços ou insumos em valor superior ao de mercado (SANTOS, 2017).

Atentar, também, para as *obrigações acessórias* da empresa contratada, como impostos, salários e encargos sociais, e outras, por exemplo, a obrigação de dar destinação final adequada a resíduos sólidos. Quanto às obrigações fiscais, há entendimento no sentido de ser ilegal a retenção do pagamento em face de seu descumprimento. Entretanto, deve haver retenção do pagamento em razão de encargos acessórios não adimplidos pelo contratado que possam resultar em responsabilidade subsidiária ou solidária da Administração, como no caso, respectivamente, das obrigações trabalhistas e previdenciárias (SANTOS, 2017).

Ademais, considerando que estas parcelas estão presentes no cálculo do valor do contrato, devem ser fiscalizadas e registradas no procedimento de despesa, sob pena de enriquecimento ilícito do particular. É comum as empresas contratadas usarem mão de obra irregular (por exemplo, de garis, nos contratos de limpeza pública), inclusive sem assinar carteira de trabalho, o que gera vantagem econômica ilícita. Isso deve ser fiscalizado pela Administração antes de efetuar o pagamento, e também pelos controles externos. Havendo má-fé ou conluio, pode configurar improbidade administrativa e crime.

A *responsabilidade pela fiscalização da execução contratual* é compartilhada entre diversos atores da Administração: autoridade responsável; órgão de controle interno; gestor do contrato; fiscal do contrato. O fiscal do contrato, figura comumente negligenciada, às vezes deve ser agente pertencente a determinada categoria, como nas obras e serviços técnicos de engenharia, que devem ficar a cargo de engenheiro, arquiteto ou agrônomo, em conformidade com o art. 7º da Lei nº 5.194/66. Acrescente-se que a fiscalização do contrato deve ser feita por agentes administrativos, podendo haver terceirização ou delegação a particulares apenas de atividades de apoio, não da fiscalização em si (SANTOS, 2017).

Outro fato relevante a ser fiscalizado na época de transição de mandatos, e que merece especial controle, é a *antecipação de pagamentos*, que só pode ocorrer se tiver previsão editalícia e contratual, e se forem prestadas garantias que assegurem o pleno cumprimento do objeto (SANTOS, 2017).

O aumento da intensidade dos controles precisa incidir também sobre os *pareceres jurídicos* constantes nos procedimentos e contratos administrativos. Em que pese em muitas ocasiões não serem vinculantes, e respeitado o entendimento do parecerista, essas peças devem ser razoavelmente fundamentadas, sob pena de responsabilização conjunta em face de atos irregulares de gestão dele decorrentes (SANTOS, 2017).

No caso concreto, a análise documental pode até evidenciar a má-fé do parecerista.

No mesmo compasso, *o Poder Judiciário precisa ser sensível* e compreender que a exigência da prova do desvio de poder deve ter em conta as dificuldades inerentes à natureza deste vício, sendo *aceitos indícios convergentes* (MELLO, 2012), levando em conta princípios protetores, como os da *prevenção e precaução* para a pronta *concessão de medidas cautelares ou antecipação dos efeitos de tutela jurisdicional*, o que vale tanto para processos cíveis quanto penais. Na transição de mandatos, o contexto pode revelar inclusive a necessidade de afastamento de gestores, além de bloqueio de verbas e outras medidas juridicamente invasivas, a fim de resguardar a coisa pública e garantir a continuidade dos serviços essenciais.

Outrossim, *indiciária também pode ser a prova da responsabilidade dos gestores maiores do município*, mormente o Prefeito Municipal, *em que pese à desconcentração administrativa*, a qual, em resumo, é a distribuição de competências entre órgãos, dentro da mesma pessoa jurídica, com manutenção da estrutura hierárquica. A desconcentração traz vantagens no quesito eficiência, e é menos onerosa do que a descentralização (repartição de competências entre pessoas jurídicas distintas), mas vem servindo de escudo para a responsabilização de Prefeitos. Não obstante, mantidos os vínculos hierárquicos, persiste o dever do superior de controlar e de rever os atos dos subordinados (DANTAS, 2017). A desconcentração administrativa, pois, não pode servir como blindagem para Prefeitos e outros agentes públicos superiores, quando houver elementos de convicção aptos a indicar seu envolvimento em ato ilícito ou grave omissão. Um controle adequado precisa compreender a natureza e realidade da desconcentração, e a distribuição de responsabilidades que ela comporta, sem deixar de penalizar o superior hierárquico quando o complexo probatório sugerir o conhecimento de ilícito, sua participação ou omissão relevante. Nesse ponto, ganham relevância as teorias do domínio do fato e da cegueira deliberada. O Prefeito Municipal tem à sua disposição instrumentos (relatórios e indicadores) para alertá-lo tempestivamente a tomar suaves correções de rumo de curto prazo (CIALDINI; AFONSO, 2016). Inaceitáveis, assim, alegações de desconhecimento ou irresponsabilidade em face de desconcentração administrativa.

Instrumentos ágeis que podem ser melhor aproveitados são as *recomendações* produzidas pelos órgãos de fiscalização, que não podem consistir em generalidades, em meras fórmulas linguísticas abstratas, devendo ser concretas, relevantes e convincentes em seus considerandos (IVANEGA, 2009). A recomendação não é um fim em si mesmo, devendo haver pronto controle do cumprimento das recomendações expedidas.

Assim, sem pretensão de exaurimento da casuística, pode-se resumir que as vantagens de controles jurídicos flexíveis, operacionalmente inteligentes e intensificados (tanto na postura, quanto na profundidade e abrangência) no período de transição governamental municipal são evidentes. Ministério Público, Tribunais de Contas e Poder Judiciário, em especial, cada qual com as suas peculiaridades e competências, devem ter, no período, postura proativa, menos deferente, privilegiando investigação em tempo real e a utilização de instrumentos de acautelamento.

5.5 Breve estudo de caso: operações "antidesmonte" no Ceará em 2016

Na transição municipal de 2016/2017, nos meses de novembro e dezembro de 2016, foram fiscalizados 42 (quarenta e dois) municípios do estado do Ceará, fruto de operações "antidesmonte",[115] após firmada parceria entre o então Tribunal de Contas dos Municípios[116] e o Ministério Público Estadual, através de sua Procuradoria dos Crimes Contra a Administração Pública (PROCAP), na linha de outras experiências exitosas realizadas em anos anteriores.

Foram fiscalizados os seguintes municípios: Abaiara, Acopiara, Alto Santo, Amontada, Barreira, Baturité, Beberibe, Canindé, Caridade, Caririaçu, Caucaia, Chorozinho, Crateús, Granja, Granjeiro, Guaraciaba do Norte, Hidrolândia, Icó, Iguatu, Independência, Itapiúna, Itarema, Jaguaruana, Juazeiro do Norte, Limoeiro do Norte, Maranguape, Martinópole, Mauriti, Milagres, Miraíma, Morada Nova, Mulungu, Ocara, Pacajus, Paramoti, Quixadá, Quixeramobim, Redenção, Senador Pompeu, Tabuleiro do Norte, Trairi, Uruburetama.

As primeiras reuniões, com a finalidade de traçar estratégias, começaram um pouco antes das eleições municipais. Decidiu-se que a parceria se consubstanciaria através de inspeções interinstitucionais nos municípios, seguindo cronograma a ser elaborado em conjunto,

[115] Tais operações continuaram no primeiro semestre do ano de 2017, com o objetivo de fiscalização do início de mandatos, o que foge aos objetivos desta obra.

[116] Atualmente extinto. Posteriormente à extinção do TCM-CE, a parceria prosseguiu com o Tribunal de Contas do Estado do Ceará (TCE-CE), que absorveu as atribuições fiscalizatórias daquele órgão.

utilizando como base matriz de risco com predominância de critérios objetivos, a fim de direcionar os esforços para campos mais produtivos sem perda de imparcialidade. Os indicadores utilizados na matriz foram os apontados no item 5.4, acima. Os recursos humanos disponíveis permitiram a fiscalização de seis municípios por semana, em média.

Nas visitas *in loco*, as capacidades dos dois órgãos se somaram: tanto os Promotores de Justiça se apoiaram no corpo técnico do TCM como o inverso. O compartilhamento de informações era célere (ao final de cada visita), o Ministério Público entregava cópia das entrevistas e depoimentos documentados ao TCM; cerca de uma semana ou duas após cada visita, mídia contendo o relatório do corpo técnico do tribunal de contas e cópia da documentação pertinente eram enviados de forma *direta e desburocratizada* ao MPE para os devidos fins. A vocação multidisciplinar das equipes técnicas do TCM enriqueceu em muito a análise jurídica do *Parquet*.

Como já explorado no item 5.2 acima, foi extenso o rol de ilegalidades detectadas, destacando-se: elevado endividamento; inadimplência junto a fornecedores de energia elétrica, água e esgoto; não repasse de contribuições previdenciárias de servidores; não pagamento das obrigações patronais previdenciárias; contratações irregulares ou indevidas; pagamento por serviços não prestados e bens não entregues; atraso no pagamento dos salários de servidores municipais; desrespeito à Lei de Responsabilidade Fiscal; sucateamento de bens e interrupção de serviços básicos, com destaque para as áreas de saúde e educação; postos de saúde fechados; irregularidades na aquisição, fornecimento e armazenagem da merenda escolar (itens insuficientes ou faltosos, vencidos, estragados, com presença de inseto, falta de refrigeração); paralisação de transporte escolar devido à descontinuidade administrativa (atraso no pagamento dos contratos, falta de combustíveis, suspensão de rotas); suspensão de serviço de limpeza pública; desorganização administrativa; gastos com pessoal acima do limite legal; não apresentação de prestação de contas; desrespeito à Lei de Transparência.[117]

---

[117] A título de exemplo, vale conferir a seguinte matéria jornalística: "Ao todo, já foram identificadas 42 práticas irregulares que caracterizam o "desmonte" das administrações públicas. Entre os atos "constantes", estão: irregularidades na aquisição, fornecimento e armazenagem da merenda escolar (itens insuficientes, vencidos, estragados, com presença de inseto, falta de refrigeração); elevado endividamento; falta de merenda escolar; paralisação de transporte escolar devido à descontinuidade administrativa (atraso no pagamento dos contratos, falta de combustíveis, suspensão de rotas); pagamento por serviços não prestados e bens não entregues; postos de saúde fechados; e atraso no pagamento dos salários de servidores municipais, entre outros." (22 nov. 2016). Disponível em: http://www.oestadoce.

A sinergia entre as duas instituições de controle externo permitiu um rápido diagnóstico dos municípios fiscalizados, o que foi compartilhado com os Promotores das respectivas comarcas. Foram possíveis, assim, intervenções ágeis, com ganhos na prevenção e responsabilização tempestiva, muitas vezes com promoção de ações perante o Poder Judiciário, que, antenado com os princípios da prevenção e precaução, em alguns casos determinou inclusive o imediato afastamento de gestores, notadamente Secretários e Prefeitos Municipais, levando em conta não apenas a legalidade formal dos atos controlados, mas a sua juridicidade, contemplando aspectos como moralidade administrativa, impessoalidade, economicidade e eficiência. Medidas menos extremadas em muitos casos revelaram-se suficientes, com ajustes e correções levados a efeito pelos administradores. Sem contar com a inibição de más práticas decorrente da expectativa de se deparar com uma fiscalização integrada e intensificada, de difícil mensuração.

Considerando a independência entre as instâncias, a investigação e responsabilização judicial de gestores se deu em paralelo ao processamento e julgamento no Tribunal de Contas competente, o que permitiu maior agilidade e eficiência, e portanto melhores resultados.

Conclui-se que o caso ora analisado confirma empiricamente que uma atuação fiscalizatória mais integrada, flexível, intensa e adaptada ao período de transição no executivo municipal acarreta aumento de eficiência na inibição, acautelamento e responsabilização tempestiva de desvios e ilicitudes, propiciando um maior nível de institucionalidade e ordenação da alternância de poder nos municípios. Assim, o modelo ora proposto, plenamente compatível com a Constituição Federal brasileira, já passou por teste empírico, com resultados positivos – o que serve de ponto de partida para outros estudos mais aprofundados, com abordagem quantitativa, o que escapa aos objetivos específicos do presente trabalho.

---

com.br/politica/tcm-lista-42-praticas-de-desmonte-em-municipios-fiscalizados. Acesso em: 24 fev. 2018.

CONSIDERAÇÕES FINAIS

A sociedade hipermoderna, extremamente complexa, necessita, mais do que nunca, se dividir em sistemas funcionalmente diferenciados, entre eles, Direito e Política, com escopo de reduzir complexidade, possibilitando a comunicação e a solução de problemas específicos. Tais sistemas são, ou *gradualmente* se tornam (*devem ser*) autopoiéticos, ou seja, cognitivamente abertos e operacionalmente fechados. Uma relação equilibrada, estável mas dinâmica (evolutiva), entre Direito e Política exige compreensão de suas funções, limites e complexidades, e que as influências recíprocas e aprendizado mútuo sejam sempre filtrados, mediados pela Constituição, a qual funciona como acoplamento estrutural entre esses dois sistemas. Somente por esta via pode se legitimar alguma "politização" da justiça ou "juridicização" da Política. Influências e perturbações outras são indesejáveis corrupções sistêmicas, ou sinal de imaturidade sistêmica (desdiferenciação, fechamento incompleto ou abertura cognitiva insuficiente).

Nesse contexto, situam-se as instituições, que podem atuar perante mais de um sistema, sendo capazes de adotar uma racionalidade transversal, fomentando mudança sociocultural. O planejamento das ações pelas instituições de controle deve levar em conta aspectos jurídicos e políticos, com adoção de uma racionalidade transversal que atenda a necessidades de evolução e amadurecimento tanto do sistema jurídico quanto do político, propiciando um contato equilibrado entre Direito e Política, mediado pela Constituição, sem excessos ou omissões, e assim, evitando tanto o distanciamento quanto o agigantamento de um desses sistemas em relação ao outro, ou seja, contribuindo para a sua progressiva autopoiese.

Para se entender as relações entre o Direito e a Política no Brasil, indispensável uma contextualização histórica, a começar pelo sentido de nossa colonização, exploratória, voltada para o comércio exterior, seguida pelo nascimento e desenvolvimento do Estado brasileiro, para se tentar compreender como – à falta de feudalismo e, consequentemente, de revolução burguesa – as elites acompanharam as transformações dos tempos, na colônia, império e república, sobrevivendo aos ciclos econômicos, à urbanização e aos períodos autoritários.

No âmbito municipal, esta análise evidencia que os mandos e desmandos típicos do coronelismo ainda se encontram presentes, em certa medida, mesmo nos dias atuais, embora o fenômeno se apresente em uma versão atenuada, em face dos avanços dos costumes e da legislação. No macroperíodo eleitoral, incluindo a transição de mandatos municipais, tal faceta da política local é recrudescida pela dinâmica de alijamento da oposição, sob uma cultura patrimonialista, de confusão entre o público e o privado, essencialmente corrupta.

Tais circunstâncias evidenciam o hiato existente entre as normas e a realidade constitucional, o que se pode verificar em todas as Constituições brasileiras (1824-1988), as quais alternaram nominalismo e instrumentalismo, sempre com baixíssimo índice de normatividade (efetividade), concretizadas de forma assimétrica e pessoalizada, em ambiente de imensas desigualdades sociais, com bloqueio mútuo (ausência de respeito e desperdício das chances de aprendizado) entre Direito e Política, a demonstrar a imaturidade de ambos os sistemas.

A mudança de tal estado de coisas passa pelo amadurecimento sistêmico e cultural, com fortalecimento do significado e importância dos direitos fundamentais, processo em que exercerão relevante papel as instituições.

Embora com considerável atraso em relação aos europeus, e apesar da inexistência de positivação expressa na Constituição brasileira, o direito à boa administração pública, previsto no art. 41 da Carta dos Direitos Fundamentais da União Europeia (CARTA DE NICE, 2000), desenvolvido sobretudo por franceses e italianos desde a primeira metade do século XX, vem ganhando corpo na doutrina e jurisprudência pátrias, compreendido como um direito-síntese que decorre do conjunto de princípios e regras constitucionais que regem a Administração Pública, formando um regime jurídico-administrativo voltado para a realização do melhor interesse público, ligado à noção de serviço público adequado e incompatível com a descontinuidade administrativa, o que implica combate ao patrimonialismo e aos sectarismos políticos, bem como à concretização assimétrica de direitos fundamentais individuais e sociais. Portanto, o fortalecimento do conceito de boa administração pública, e seu reconhecimento como direito dos administrados, a partir da compreensão de sua natureza principiológica, tem potencial para contribuir de forma decisiva para o paulatino amadurecimento dos sistemas jurídico e político brasileiros.

Os parâmetros constitucionais estabelecem a distinção entre Direito, Política e Administração. Os controles da Administração Pública, legitimados na Constituição, são pressupostos do Estado de Direito. O reconhecimento do direito fundamental à boa administração pública, implicitamente albergado na Carta Magna brasileira, fornece o instrumental normativo, de natureza predominantemente principiológica, necessário ao exercício de um bom controle público, também compreendido como direito fundamental, orientando no sentido de uma progressiva integração entre os múltiplos controles, em busca de maior eficiência.

O bom controle público, principiologicamente orientado, exige adaptabilidade das estratégias de ação em conformidade com as particularidades do objeto a ser controlado (ductilidade), o que pressupõe maturidade autopoiética do sistema jurídico, consistente na sua disposição para aprender com o meio (abertura cognitiva) e evoluir a partir de seus próprios elementos, sem influências indevidas (fechamento operacional), resultando em variados níveis de intensidade de controle, tanto material (graus de discricionariedade) quanto procedimental, equilibrando adequadamente sofisticação e operacionalidade.

A intensidade material, ou substancial, deve levar em conta não apenas a natureza da decisão controlada, mas também as circunstâncias históricas e/ou contingenciais as mais variadas e a comparação entre as instituições concretamente envolvidas. O ajuste procedimental precisa equacionar demandas e administrar escassez de tempo e recursos humanos, em busca da maior eficiência preventiva possível e da adoção de postura adequada dos agentes controladores, atuando de forma tempestiva e integrada.

O controle dos procedimentos administrativos e os procedimentos de controle são importantes na medida em que funcionam como critério de legitimidade, não sendo incompatíveis com uma normatização principiológica. Pelo contrário, o bom controle público, visto como um princípio, tem a pretensão de fornecer novo paradigma de legitimação da atuação dos controladores, ampliando sua base de aceitação social, alterando papéis e expectativas, aperfeiçoando o funcionamento dos sistemas jurídico e político.

O bom controle público deve ser, além de integrado e flexível, tecnológico. Os ganhos de saber, velocidade e eficiência dos órgãos controladores, decorrentes das mudanças tecnológicas, acarretam aumento da intensidade de controle e impõem nova postura aos agentes responsáveis.

O direito fundamental à boa administração pública é relacionado, no âmbito municipal, ao chamado direito à cidade, notadamente no que tange ao esforço a ser feito pelos administradores locais (e controladores) na entrega (e proteção) de serviços públicos adequados e ininterruptos, promovendo a justiça urbana.

São muitas as dificuldades enfrentadas pelas instituições de controle durante o período da transição de mandatos municipais no Brasil, em que se multiplicam os atos (e omissões) lesivos à coisa pública e aos serviços públicos essenciais. O estudo da casuística dos "desmontes" e outras observações evidenciam a existência de sérios obstáculos culturais ao bom desempenho da Administração Pública (e do seu controle) no período, constituindo a imaturidade do sistema político obstáculo de difícil transposição.

A legislação brasileira já contempla um complexo normativo considerável a servir de ferramenta para o combate à corrupção. Mas ainda assim esta ganha força em razão da insuficiência de controles preventivos e repressivos e, muitas vezes, da "cumplicidade" da comunidade, com baixa normatividade e concretização assimétrica das regras legais, sintoma de imaturidade jurídica.

Outros desafios dos órgãos de controle no período crítico advém: da exigência de um *timing* acelerado de fiscalização; da ausência, nas instituições públicas de controle, de uma cultura de integração e inteligência operacional; de uma visão predominantemente estática, engessada, das possibilidades e intensidade de controle jurídico; do não funcionamento adequado, e consequente insuficiência, das equipes de transição; das dificuldades para a estruturação de um sistema de controle interno.

A literatura especializada evidencia que a experiência e os esforços estrangeiros para redução dos traumas decorrentes da transição governamental são focados na montagem de equipes de transição, com integrantes dos governos antigo e novo. A intenção primordial não é prevenir desvios, mas preparar a mudança e viabilizar o novo governo. Todavia, a experiência revela que no Brasil, mais especificamente no âmbito municipal, as equipes de transição, apesar de importantes, são insuficientes a garantir uma transição ordeira e transparente, à míngua de uma cultura política adequada à promoção do diálogo entre opositores. Daí a necessária complementação de um controle jurídico intensificado, realizado por agentes externos independentes.

Esses obstáculos, refletindo imaturidade política e jurídica, não constituem empecilho insuperável, desde que haja uma mudança de "mentalidade" das instituições independentes de controle, a partir de uma releitura do ordenamento constitucional, mais precisamente, através do reconhecimento e concretização da dimensão principiológica do direito fundamental à boa administração pública e de sua vertente, o bom controle público.

A transição de mandatos desponta como período especialmente sensível, vez que é de curta duração, mas, se desordenada, pode gerar problemas de longo prazo. O direito à boa administração exige uma transição governamental ordenada.

Então, o direito à boa administração pública, com suas exigências de bom controle público, demanda do sistema jurídico observação atenta do ambiente, incluindo outros sistemas ao seu entorno, marcadamente o político e o administrativo (abertura cognitiva principiologicamente orientada). Disso deve resultar evolução (amadurecimento) do Direito, com consequente adaptação da intensidade de controles em razão da natureza do seu objeto, do contexto e das instituições envolvidas, tudo concretamente analisado.

Na transição de mandatos municipais, esse processo implica adoção de variadas estratégias práticas (do planejamento à execução), legítimas quando compatíveis com a Constituição. O aumento de intensidade dos controles na transição de mandatos pressupõe maior integração, tempestividade e seletividade, sem perda de imparcialidade, além de inteligência operacional, do planejamento à execução.

Breve estudo de caso relativo às operações "antidesmonte" no ano de 2016, frutos de parceria institucional entre o Ministério Público do Estado do Ceará e o Tribunal de Contas, confirma empiricamente que uma atuação fiscalizatória mais intensa no período de transição no Executivo municipal acarreta aumento de eficiência na inibição e responsabilização tempestiva de desvios e ilicitudes, propiciando um maior nível de institucionalidade e ordenação da alternância de poder nos municípios.

Portanto, foram confirmadas as hipóteses testadas, a saber: de uma perspectiva histórica, a ordem jurídico-política brasileira ainda é fortemente marcada pelo patrimonialismo, baixa normatividade constitucional, concretização assimétrica de direitos, enfim, imaturidade dos sistemas jurídico e político; de outro lado, o direito à boa administração encontra positividade nos princípios constitucionais da Carta Magna brasileira, e reclama um bom controle público, principiologicamente orientado, o que, por sua vez, exige uma atuação tempestiva, proativa, integrada, equilibrada, portanto, substancial e procedimentalmente adequada dos órgãos de controle, cuja intensidade deve adaptar-se ao objeto a ser controlado e suas circunstâncias concretas (ductilidade); as más práticas de gestão nos períodos de transição de mandatos dos executivos municipais brasileiros – ainda marcados por reduzidos níveis de racionalidade e institucionalidade – tem como causa remota a imaturidade dos sistemas jurídico e político, e como causa próxima a insuficiência de controles jurídicos; as peculiaridades do período de transição de gestão municipal demandam atuação especialmente intensa e diferenciada dos órgãos de controle jurídico; tais ajustes tem potencial para contribuir com a estabilização das instituições políticas, fomentando desejável transformação cultural e avanço do processo civilizatório.

REFERÊNCIAS

ABREU, João Capistrano de. O engenho, a propriedade da terra e a vida social. *In:* MENESES, Djacir (Org.). *O Brasil no pensamento brasileiro*: manual bibliográfico de estudos brasileiros. Brasília: Senado Federal, 1998. 2v. (Coleção Brasil 500 Anos). p. 143-158.

ALCÂNTARA, Simone Matta de Miranda. Controle interno. *In:* GUERRA, Evandro Martins; CASTRO, Sebastião Helvecio Ramos de. (Coords.) *Controle externo*: estudos temáticos. Belo Horizonte: Fórum, 2012.

ALEXY, Robert. Direitos fundamentais no estado constitucional democrático: para a relação entre direitos do homem, direitos fundamentais, democracia e jurisdição constitucional. Tradução de Luís Afonso Heck. *Revista de Direito Administrativo*, Rio de Janeiro, v. 217, p. 55-66, jul./set. 1999. Disponível em: http://bibliotecadigital.fgv.br/ojs/index.php/rda/article/view/47413/0. Acesso em: 20 maio 2018.

ALEXY, Robert. *Teoria dos direitos fundamentais*. Tradução de Virgílio Afonso da Silva. 2. ed. São Paulo: Malheiros, 2015.

ALMEIDA, Mário Aroso de. O Provedor de Justiça como garantia da boa administração. *In: O Provedor de Justiça*: Estudos – Volume Comemorativo do 30º Aniversário da Instituição. Lisboa: Provedoria de Justiça – Divisão de Documentação, 2005. p. 13-39. Disponível em: http://www.provedor-jus.pt/archive/doc/Estudos_VolumeComemorativo30Anos.pdf. Acesso em: 14 jul. 2017.

AMADO, Gilberto. As instituições políticas e o meio social no Brasil. *In:* MENESES, Djacir (Org.). *O Brasil no pensamento brasileiro*: manual bibliográfico de estudos brasileiros. Brasília: Senado Federal, 1998. 2v. (Coleção Brasil 500 Anos). p. 87-105.

ANDRADA E SILVA, José Bonifácio de. Analfabetismo e voto. *In:* MENESES, Djacir (Org.). *O Brasil no pensamento brasileiro*: manual bibliográfico de estudos brasileiros. Brasília: Senado Federal, 1998. 2v. (Coleção Brasil 500 Anos). p. 405-409.

ARANHA, José Pereira da Graça. O pessimismo brasileiro. *In:* MENESES, Djacir (Org.). *O Brasil no pensamento brasileiro*: manual bibliográfico de estudos brasileiros. Brasília: Senado Federal, 1998. 2v. (Coleção Brasil 500 Anos). p. 467-472.

ARAÚJO, Joaquim Aurélio Barreto Nabuco de. A lavoura, a alforria e as classes. *In:* MENESES, Djacir (Org.). *O Brasil no pensamento brasileiro*: manual bibliográfico de estudos brasileiros. Brasília: Senado Federal, 1998. 2v. (Coleção Brasil 500 Anos). p. 359-370.

ARISTÓTELES. Ética a Nicômaco. *In:* MAFFETTONE, Sebastiano; VECA, Salvatore (Orgs.). *A ideia de justiça de Platão a Rawls*. Tradução de Karina Jannini. São Paulo: Martins Fontes, 2005. p. 47-83. Título original: L'idea di giustizia da Platone a Rawls.

ATIENZA, Manuel. Ni positivismo jurídico ni neoconstitucionalismo: una defensa del constitucionalismo postpositivista. *Observatório da Jurisdição Constitucional*, Brasília, ano 7, n. 2, p. 1-24, jul./dez. 2014.

ATIENZA, Manuel; MANERO, Juan Ruiz. Sobre princípios e regras. Tradução de Renata Quinaud Pedron e Flávio Quinaud Pedron. *Revista Eletrônica Acadêmica de Direito*, v. 4, n. 3, p. 49-68, 2009. Disponível em: http://www.panoptica.org/seer/index.php/op/article/viewFile/Op_4.3_2009_49-68/93. Acesso em: 06 abr. 2018.

ÁVILA, Humberto. Moralidade, razoabilidade e eficiência na atividade administrativa. *Revista Eletrônica de Direito do Estado*, Salvador, n. 4, out./dez. 2005. Disponível em: http://www.direitodoestado.com.br. Acesso em: 22 out. 2017.

ÁVILA, Humberto. Repensando o "princípio da supremacia do interesse público sobre o particular". *Revista Eletrônica sobre a Reforma do Estado – RERE*, Salvador, n. 11, p. 1-30, set./nov., 2007. Disponível em: http://www.direitodoestado.com.br/rere.asp. Acesso em: 05 out. 2017.

ÁVILA, Humberto. *Teoria dos princípios*. 16. ed. São Paulo: Malheiros, 2015.

BACHOF, Otto; STOBER, Rolf; WOLFF, Hans J. *Direito Administrativo*. Tradução de Antônio F. de Sousa. Lisboa: Fundação Calouste Gulbenkian, 2006.

BARROS, Fábio Henrique Granja. Controles eficientes na administração pública. *In:* OLIVEIRA, Aroldo Cedraz de (Coord.). *O controle da administração pública na era digital*. 2. ed. Belo Horizonte: Fórum, 2017. p. 271-290.

BARROSO, Luís Roberto; BARCELLOS, Ana Paula de. O começo da história: a nova interpretação constitucional e o papel dos princípios no direito brasileiro. *In:* SILVA, Virgílio Afonso da (Org.). *Interpretação Constitucional*. São Paulo: Malheiros, 2005. p. 271-356.

BAUMAN, Zygmunt. *Babel*: entre a incerteza e a esperança. Tradução de Renato Aguiar. Rio de Janeiro: Zahar, 2016.

BAUMAN, Zygmunt. *Ensaios sobre o conceito de cultura*. Tradução de Carlos Alberto Medeiros. Rio de Janeiro: Zahar, 2012.

BAUMAN, Zygmunt. *Legisladores e intérpretes*: sobre modernidade, pós-modernidade e intelectuais. Tradução de Renato Aguiar. Rio de Janeiro: Zahar, 2010.

BAUMAN, Zygmunt. *Modernidade líquida*. Tradução de Plínio Dentzien. Rio de Janeiro: Zahar, 2001.

BECK, Ulrich. *A metamorfose do mundo*: novos conceitos para uma nova realidade. Tradução de Maria Luiza X. de A. Borges. Rio de Janeiro: Zahar, 2018.

BERCOVICI, Gilberto. Constituição e política: uma relação difícil. *LUANOVA*, n. 61, p. 5-24, 2004a. Disponível em: http://www.cedec.org.br/files_pdf/luanova/ln-61.pdf. Acesso em: 12 jul. 2017.

BERCOVICI, Gilberto. *Dilemas do Estado federal brasileiro*. Porto Alegre: Livraria do Advogado, 2004b.

BEREZOWSKI, A. M. Metodologia para seleção de amostras de contratos de obras públicas (jurisdicionados) utilizando a programação linear – aplicativo Solver. *Revista Controle*, Fortaleza, v. 11, n. 1, p. 337-350, jan./jun. 2013. Disponível em: https://www.tce.ce.gov.br/component/jdownloads/send/199-revista-controle-volume-xi-n-1-jan-jun-2013/2150-artigo-20-metodologia-para-selecao-de-amostras-de-contratos-de-obras-publicas-jurisdicionados-utilizando-a-programacao-linear-aplicativo-solver. Acesso em: 10 mar. 2018.

BERTUOL JUNIOR, Altecir. Sobre princípios e regras: uma crítica à teoria dos princípios de Humberto Ávila. *A&C – Revista de Direito Administrativo e Constitucional*, Belo Horizonte, ano 16, n. 63, p. 239-259, jan./mar. 2016.

BINENBOJM, Gustavo. A constitucionalização do direito administrativo no Brasil: um inventário de avanços e retrocessos. *Revista Eletrônica sobre a Reforma do Estado – RERE*, Salvador, Instituto Brasileiro de Direito Público, n. 13, p. 1-44, mar./maio, 2008. Disponível em: http://www.direitodoestado.com.br/rere.asp. Acesso em: 28 ago. 2017.

BINENBOJM, Gustavo. Da supremacia do interesse público ao dever de proporcionalidade: um novo paradigma para o direito administrativo. *Revista de Direito Administrativo*, Rio de Janeiro, v. 239, n. 59, p. 1-31, jan./mar. 2005. Disponível em: http://bibliotecadigital.fgv.br/ojs/index.php/rda/article/view/43855/44713. Acesso em: 23 jan. 2018.

BINENBOJM, Gustavo. *Uma teoria do direito administrativo*: direitos fundamentais, democracia e constitucionalização. Rio de Janeiro: Renovar, 2006.

BITENCOURT, Cezar Roberto. *Tratado de direito penal*: parte especial 5: crimes contra a administração pública e crimes praticados por prefeitos. 10. ed. São Paulo: Saraiva, 2016.

BITTENCOURT, Pedro Calmon Moniz de. Coronéis e barões. *In:* MENESES, Djacir (Org.). *O Brasil no pensamento brasileiro*: manual bibliográfico de estudos brasileiros. Brasília: Senado Federal, 1998. 2v. (Coleção Brasil 500 Anos). p. 485-491.

BLIACHERIENE, Ana Carla. *Controle da eficiência do gasto orçamentário*. Belo Horizonte: Fórum, 2016.

BLOCH, Marc. *A apologia da história, ou o ofício de historiador*. Tradução de André Telles. Rio de Janeiro: Zahar, 2001. Título original: Apologie pour l'histoire, ou Métier d'historien.

BLOCH, Marc. *A sociedade feudal*. Tradução de Laurent de Saes. São Paulo: EDIPRO, 2016. Título original: La société féodale.

BLUMEN, Abrão; SILVA, Valmir Leôncio da; SALES, Eurípedes (Coords.). *Controle interno como suporte estratégico de governança no setor público*. Belo Horizonte: Fórum, 2015.

BORGES, Alice Gonzalez. Supremacia do interesse público: desconstrução ou reconstrução? *Revista Eletrônica de Direito Administrativo Econômico – REDAE*, Salvador, n. 26, p. 1-23, maio/jul. 2011. Disponível em: http://www.direitodoestado.com/revista/REDAE-26-MAIO-2011-ALICE-BORGES.pdf. Acesso em: 06 out. 2017.

BOTELHO, André. Público e privado no pensamento social brasileiro. *In:* BOTELHO, André; SCHWARCZ, Lilia Moritz. *Cidadania*: um projeto em construção. São Paulo: Claro Enigma, 2012. p. 48-59.

BRUHNS, Hinnerk. O conceito de patrimonialismo e suas interpretações contemporâneas. *Revista Estudos Políticos*, Niterói, n. 4, p. 61-77, 2012. Disponível em: http://revistaestudospoliticos.com/wp-content/uploads/2012/04/4p61-77.pdf. Acesso em: 19 jul. 2017.

CARTA DOS DIREITOS FUNDAMENTAIS DA UNIÃO EUROPEIA. Nice (FR), 7 de dezembro de 2000. Disponível em: http://www.europarl.europa.eu/charter/pdf/text_pt.pdf. Acesso em: 22 dez. 2018.

CASSESE, Sabino. *Il diritto alla buona amministrazione*. Disponível em: http://www.irpa.eu/wp-content/uploads/2011/05/Diritto-alla-buona-amministrazione-barcellona-27-marzo.pdf. Acesso em: 10 set. 2017.

CELONE, Cristiano. A configuração inovadora do princípio da boa administração entre privados e autoridades públicas da União Europeia. *Revista Direitos Fundamentais & Democracia*, Curitiba, v. 22, n. 1, p. 24-45, jan./abr. 2017. Disponível em: http://revistaeletronicardfd.unibrasil.com.br/index.php/rdfd/article/view/1060/487. Acesso em: 23 abr. 2018.

CHILTON, Adam S.; VERSTEEG, Mila. Do Constitutional Rights Make a Difference? *University of Chicago Coase-Sandor Institute for Law & Economics Working Paper*, n. 694, p. 1, 2014. Disponível em: http://papers.ssrn.com/sol3/papers.cfm?abstract_id=2477530. Acesso em: 25 jun. 2017.

CIALDINI, Alexandre; AFONSO, José Roberto. Os municípios e a lei de responsabilidade fiscal: de conceitos a indicadores. *In:* MENDES, Gilmar Ferreira; CARNEIRO, Rafael Araripe. *Gestão pública e direito municipal*: tendências e desafios. São Paulo: Saraiva, 2016. p. 239-264.

CLEMENTE, Giorgio. *Buona amministrazione e sistema dei controlli tra diritto interno e comunitario*. Disponível em: http://www.corteconti.it/export/sites/ portalecdc/_documenti/chi_siamo/consiglio_di_presidenza/incontri_studio_e_formazione/Corso_neo_referendari_febbraio_2008_clemente.pdf. Acesso em: 11 jul. 2017.

CONSENTINO, Francisco Carlos. Construindo o Estado do Brasil: instituições, poderes locais e poderes centrais. *In:* FRAGOSO, João Luís Ribeiro; GOUVÊA, Maria de Fátima. (Orgs.). *O Brasil colonial*. 2. ed. Rio de Janeiro: Civilização Brasileira, 2015. p. 521-568.

CONSTANT, Benjamín. *Curso de Política Constitucional*. Tradução de Marcial Antonio López. Granada: Editorial Comares, S.L., 2006.

COSTALDELLO, Angela Cassia. Perspectivas do desenvolvimento urbano à luz do direito fundamental à cidade. *In:* BACELLAR FILHO, Romeu Felipe; GABARDO, Emerson; HACHEM, Daniel Wunder (Coords.). *Globalização, direitos fundamentais e direito administrativo*: novas perspectivas para o desenvolvimento econômico e socioambiental. Belo Horizonte: Fórum, 2011. p. 85-92.

COUTIÑO, Horacio Castellanos. *El control de la administración pública*. 16 p. Disponível em: https://archivos.juridicas.unam.mx/www/bjv/libros/5/2391/5.pdf. Acesso em: 24 jun. 2017.

DAHL, Robert A. Tomada de decisão na democracia: a Suprema Corte como instituição nacional de tomada de decisão política. *In:* MENDES, Gilmar Ferreira; GALVÃO, Jorge Octávio Lavocat; MUDROVITSCH, Rodrigo de Bittencourt (Orgs.). *Jurisdição constitucional em 2020*. São Paulo: Saraiva, 2016. p. 463-483.

DAL POZZO, Augusto Neves. *Aspectos fundamentais do serviço público no direito brasileiro*. São Paulo: Malheiros, 2012.

DAMATTA, Roberto. *O que é o Brasil?* Rio de Janeiro: Rocco, 2004.

DANTAS, Rodrigo Emanuel de Araújo. A personalidade jurídica dos órgãos públicos independentes: a revisitação da teoria do órgão sob a ótica das transformações da administração pública para o século XXI. *In:* PONTES FILHO, Valmir; MOTTA, Fabrício; GABARDO, Emerson (Coords.). *Administração Pública*: desafios para a transparência, probidade e desenvolvimento. Belo Horizonte: Fórum, 2017. p. 417-430.

DELPIAZZO, Carlos E. La buena administración como imperativo ético para administradores y administrados. *Revista de Derecho,* Montevidéu, ano 9, n. 10, p. 41-57, dic. 2014. Disponível em: https://revistas.ucu.edu.uy/index.php/revistadederecho/article/view/736/726. Acesso em: 10 set. 2017.

DINO, Flávio; LAGO, Rodrigo Pires Ferreira. Transparência na transição de governos no Maranhão. *In: Programa Ministério Público contra a corrupção e a sonegação fiscal*. São Luís: Procuradoria Geral de Justiça, 2017. p. 25-38.

DWORKIN, Ronald. Levando os direitos a sério. Tradução de Nelson Boeira. São Paulo: Martins Fontes, 2002. Título original: Taking Rights Seriously.

ECO, Umberto. *As formas do conteúdo*. Tradução de Pérola de Carvalho. São Paulo: Perspectiva, 2004.

ELIAS, Norbert. *O processo civilizador*. Tradução de Ruy Jungmann. Rio de Janeiro: Zahar, 1993. Título original: Über den Prozess der Zivilisation.

FAGUNDES, Miguel Seabra. Conceito de mérito no direito administrativo. *Revista de Direito Administrativo*, Rio de Janeiro, v. 23, p. 1-16, 1951. Disponível em: http://bibliotecadigital.fgv.br/ojs/index.php/rda/article/view/11830/10758. Acesso em: 10 set. 2017.

FALZONE, Guido. *Il dovere di buona amministrazione*. Milano (IT): Dott. A. Giuffrè Editore, 1953.

FAORO, Raymundo. A aventura liberal numa ordem patrimonialista. *Revista USP*, n. 17, p. 14-29, 1993. Disponível em: http://www.revistas.usp.br/revusp/article/view/25950/27681. Acesso em: 04 ago. 2017.

FAORO, Raymundo. *Os donos do poder*: formação do patronato político brasileiro. 5. ed. São Paulo: Globo, 2012.

FAUSTO, Boris. *A revolução de 1930*: historiografia e história. São Paulo: Companhia das Letras, 1997.

FERNANDES, Florestan. A concretização da revolução burguesa. *In:* IANNI, Octavio (Org.). *Florestan Fernandes*: sociologia crítica e militante. São Paulo: Expressão Popular, 2011a. p. 423-447.

FERNANDES, Florestan. As mudanças sociais no Brasil. *In:* IANNI, Octavio (Org.). *Florestan Fernandes*: sociologia crítica e militante. São Paulo: Expressão Popular, 2011b. p. 219-269.

FERNANDES, Jorge Ulisses Jacoby. *Tribunais de Contas do Brasil*. 4. ed. Belo Horizonte: Fórum, 2016.

FERRAJOLI, Luigi. *Poderes selvagens*: a crise da democracia italiana. Tradução de Alexander Araújo de Souza. São Paulo: Saraiva, 2014. Título original: Poteri selvaggi: la crisi della democrazia italiana.

FERREIRA, Sérgio de Andrea. Moralidade e probidade administrativas. *In:* PONTES FILHO, Valmir; MOTTA, Fabrício; GABARDO, Emerson (Coords.). *Administração Pública*: desafios para a transparência, probidade e desenvolvimento. Belo Horizonte: Fórum, 2017. p. 335-348.

FERREIRA JUNIOR, Adircélio de Moraes. O bom controle público e as cortes de contas como tribunais de boa governança. 2015. 257 f. Dissertação (Mestrado em Direito) – Programa de Pós-Graduação em Direito, Universidade Federal de Santa Catarina, Florianópolis, 2015a. Disponível em: https://repositorio.ufsc.br/xmlui/bitstream/handle/123456789/134784/333913.pdf?sequence=1&isAllowed=y. Acesso em: 04 jul. 2018.

FERREIRA JUNIOR, Adircélio de Moraes. O direito fundamental ao bom controle público. *Revista de Direito Administrativo e Gestão Pública*, Minas Gerais, v. 1, n. 2, p. 37-57. jul./dez. 2015b.

FINGER, Julio Cesar. *Constituição e publicidade*: sobre os limites e possibilidades do controle jurisdicional da publicidade pessoal da administração. Porto Alegre: Livraria do Advogado, 2006.

FONTES, Paulo Gustavo Guedes. *O controle da administração pelo Ministério Público*. Belo Horizonte: Del Rey, 2006.

FRANÇA, Phillip Gil. *Ato administrativo e interesse público*: gestão pública, controle judicial e consequencialismo administrativo. 3. ed. São Paulo: Revista dos Tribunais, 2017.

FREITAS, Juarez. Carreiras de Estado e o direito fundamental à boa administração pública. *Interesse Público – IP*, Belo Horizonte, ano 11, n. 53, p. 13-28, jan./fev. 2009.

FREITAS, Juarez. *Direito fundamental à boa administração pública*. 3. ed. São Paulo: Malheiros, 2014.

FREITAS, Juarez. Direito fundamental à boa administração pública e a constitucionalização das relações administrativas brasileiras. *Interesse Público – IP*, Belo Horizonte, ano 12, n. 60, p. 13-24, mar./abr. 2010.

FREITAS, Juarez. Discricionariedade administrativa: o controle de prioridades constitucionais. *Revista NEJ - Eletrônica*, v. 18, n. 3, p. 416-434, set./dez. 2013. Disponível em: https://siaiap32.univali.br/seer/index.php/nej/article/view/5131/2691. Acesso em: 10 set. 2017.

FREITAS, Juarez. *O controle dos atos administrativos e os princípios fundamentais*. 3. ed. São Paulo: Malheiros, 2004.

FREITAS, Juarez. Políticas públicas, avaliação de impactos e o direito fundamental à boa administração pública. *Sequência*, Florianópolis, n. 70, p. 115-133, jun. 2015.

FREYRE, Gilberto. *Sobrados e mucambos*: decadência do patriarcado rural e desenvolvimento do urbano. 15. ed. São Paulo: Global, 2004.

FUKUYAMA, Francis. As origens da ordem política: dos tempos pré-humanos até a revolução francesa. Tradução de Nivaldo Montingelli Jr. Rio de Janeiro: Rocco, 2013. Título original: The Origins of Political Order: From Prehuman Times to the French Revolucion.

FUKUYAMA, Francis. *O fim da história e o* último *homem*. Tradução de Aulyde S. Rodrigues. Rio de Janeiro: Rocco, 1992. Título original: The End of History and the Last Man.

GAZOLA, Patrícia Marques. O papel dos municípios na concretização dos direitos fundamentais. *In:* SOUSA, Horácio Augusto Mendes de; FRAGA, Henrique Rocha. (Coord.). *Direito municipal contemporâneo*: novas tendências. Belo Horizonte: Fórum, 2010.

GENOSO, Gianfrancesco. Princípio da continuidade do serviço público. 2011. 148p. Dissertação (Mestrado em Direito do Estado) – Programa de Mestrado em Direito do Estado, Universidade de São Paulo, São Paulo, 2011. Disponível em: www.teses.usp.br/teses/disponiveis/2/2134/tde.../Gianfrancesco_Genoso.pdf. Acesso em: 23 jun. 2018.

GIANNETTI, Eduardo. *O elogio do vira-lata e outros ensaios*. São Paulo: Companhia das Letras, 2018.

GORDILLO, Agustín A. *Tratado de derecho administrativo y obras selectas*: primeras obras. Buenos Aires: Fundación de Derecho Administrativo, 2012. v. 5.

HARARI, Yuval Noah. *Sapiens*: uma breve história da humanidade. 27. ed. Tradução de Janaína Marcoantonio. Porto Alegre: L&PM, 2017.

HAURIOU, Maurice; RUIZ DEL CASTILLO, Carlos. *Principios de derecho público y constitucional*. 2. ed. Madrid: Reus, 1927.

HESSE, Konrad. *A força normativa da Constituição*. Tradução de Gilmar Ferreira Mendes. Porto Alegre: Sergio Antonio Fabris, 1991.

HESSE, Konrad. Elementos de direito constitucional da República Federal da Alemanha. Tradução de Luís Afonso Heck. Porto Alegre: Sergio Antonio Fabris, 1995.

HOLANDA, Sérgio Buarque de. *Raízes do Brasil*. 27. ed. São Paulo: Companhia das Letras, 2014.

IANNI, Octávio. *A idéia de Brasil Moderno*. São Paulo: Brasiliense, 1992.

IBGE. *Perfil dos municípios brasileiros*: 2015. Rio de Janeiro, 2016. Disponível em: http://biblioteca.ibge.gov.br/visualizacao/livros/liv95942.pdf. Acesso em: 30 jul. 2017.

IVANEGA, Miriam Mabel. El control público y los servicios públicos (o la utopia del control público). *Interesse Público – IP*, Belo Horizonte, ano 11, n. 53, p. 211-231, jan./fev. 2009.

JORDÃO, Eduardo. *Controle judicial de uma administração pública complexa*: a experiência estrangeira na adaptação da intensidade do controle. São Paulo: Malheiros; SBDP, 2016.

KOHLS, Cleize Carmelinda; LEAL, Mônia Clarissa Hennig. Boa administração pública e fundamentos constitucionais das políticas públicas na perspectiva do Supremo Tribunal Federal. *Revista de Estudos Constitucionais, Hermenêutica e Teoria do Direito – RECHTD*, v. 7, n. 2, p.188-196, maio/ago. 2015.

LARENZ, Karl. Metodologia da ciência do direito. 3. ed. Tradução de José Lamego. Lisboa: Fundação Calouste Gulbenkian, 1997.

LEAL, Rogério Gesta. Controle e deliberação pública no combate à corrupção: alguns fundamentos políticos e filosóficos. *In:* PONTES FILHO, Valmir; MOTTA, Fabrício; GABARDO, Emerson. (Coords.) *Administração Pública*: desafios para a transparência, probidade e desenvolvimento. Belo Horizonte: Fórum, 2017. p. 291-306.

LEAL, Rogério Gesta. Marcos normativos fundantes da cidade democrática de direito no Brasil. *In:* BACELLAR FILHO, Romeu Felipe; GABARDO, Emerson; HACHEM, Daniel Wunder (Coords.). *Globalização, direitos fundamentais e direito administrativo*: novas perspectivas para o desenvolvimento econômico e socioambiental. Belo Horizonte: Fórum, 2011. p. 73-83.

LEAL, Victor Nunes. *Coronelismo, enxada e voto*: o município e o regime representativo no Brasil. 7. ed. São Paulo: Companhia das Letras, 2012.

LEFEBVRE, Henri. *O direito à cidade*. 5. ed. Tradução de Rubens Eduardo Frias. São Paulo: Centauro, 2011. Título original: Le droit à la ville.

LEITE, Dante Moreira. *O caráter nacional brasileiro*. 7. ed. São Paulo: UNESP, 2007.

LÉVY, Pierre. *Cibercultura*. Tradução de Carlos Irineu da Costa. 3. ed. São Paulo: Ed. 34, 2010. Título original: Cyberculture.

LÉVY, Pierre. *O que é o virtual?* Tradução de Paulo Neves. 2. ed. São Paulo: Ed. 34, 2011. Título original: Qu'est-ce que le virtuel?

LIMA, Hermes. Partido, povo e consciência política. *In:* MENESES, Djacir (Org.). *O Brasil no pensamento brasileiro*: manual bibliográfico de estudos brasileiros. Brasília: Senado Federal, 1998. 2v. (Coleção Brasil 500 Anos). p. 303-311.

LIMA, Ivonete Dionizio de. *A interação entre os controles interno e externo*: um estudo no âmbito estadual da administração pública brasileira. Rio de Janeiro: Padma, 2009.

LIMA, Martonio Mont'Alverne Barreto; ALMEIDA, Plínio Regis Baima de. Constituição e idealismo: o dilema da efetivação constitucional sem a política. *Revista Controle*, Fortaleza, v. 9, n. 1, p. 11-35, jan./jun. 2011.

LIPOVETSKY, Gilles. *Os tempos hipermodernos*. Tradução de Mário Vilela. São Paulo: Barcarolla, 2004.

LIPOVETSKY, Gilles; SERROY, Jean. A estetização do mundo: viver na era do capitalismo artista. Tradução de Eduardo Brandão. São Paulo: Companhia das Letras, 2015.

LOEWENSTEIN, Karl. *Teoria de la constitución*. Tradução de Alfredo Gallego Anabitarte. 2. ed. Barcelona: Editorial Ariel, 1976.

LUHMANN, Niklas. *El derecho de la sociedad*. Texto eletrônico. Formatação – João Protásio Farias Domingues de Vargas e Marjorie Corrêa Marona. Versão 5.0, de 13 jan. 2003.

LUHMANN, Niklas. *Legitimação pelo procedimento*. Tradução de Maria da Conceição Côrte-Real. Brasília: Universidade de Brasília, 1980. Título original: Legitimation durch Verfahen.

LUHMANN, Niklas. *Sistema juridico y dogmatica juridica*. Tradução para o espanhol: Ignacio de Otto Pardo. Madrid: Centro de Estudios Constitucionales, 1983. Título original: Rechtssystem und Rechtsdogmatik.

LUHMANN, Niklas. *Sistemas sociais*: esboço de uma teoria geral. Tradução de Antonio C. Luz Costa, Roberto Dutra Torres Junior e Marco Antônio dos Santos Casanova. Petrópolis: Vozes, 2016. Título original: Soziale Systeme – Grundriss einer allgemeinen Theorie.

LUHMANN, Niklas. *Teoria dos sistemas na prática*. Tradução de Patrícia da Silva Santos. Petrópolis: Vozes, 2018. v. I: Estrutura social e semântica. Título original: Gesellschaftsstruktur und Semantik.

MADALENA, Luis Henrique. *Discricionariedade administrativa e hermenêutica*. Salvador: JusPodivm, 2016.

MALLÉN, Beatriz Tomás. *El derecho fundamental a una buena administración*. Madrid: INAP, 2004.

MARQUES NETO, Floriano de Azevedo; PALMA, Juliana Bonacorsi de. Os sete impasses do controle da administração pública no Brasil. *In:* PEREZ, Marcos Augusto; SOUZA, Rodrigo Pagani de (Orgs.). *Controle da administração pública*. Belo Horizonte: Fórum, 2017. p. 21-38.

MARTÍNEZ, Augusto Durán. Motivación del acto administrativo y buena administración. *Revista de Direitos Fundamentais e Democracia*, Curitiba, v. 13, p. 18-32, jan./jun., 2013.

MARTINS, Ricardo Marcondes. *Estudos de Direito administrativo neoconstitucional*. São Paulo: Malheiros, 2015.

MASCAREÑO, Aldo. *A teoria dos sistemas sociais, de Luhmann, como teoria geral*. Prefácio II do livro '10 Lições sobre Luhmann'. Petrópolis: Vozes, 2016. p. 17-28.

MATHIS, Klaus. Consequentialism in Law. *In:* MATHIS, Klaus (Org.). *Efficiency, Sustainability, and Justice to Future Generations*. Springer: Klaus Mathis, 2012. p. 3-29.

MATIAS-PEREIRA, José. *Manual de gestão pública contemporânea*. 5. ed. São Paulo: Atlas, 2016.

MATURANA, Humberto R.; VARELA, Francisco J. *A árvore do conhecimento*: as bases biológicas da compreensão humana. Tradução de Humberto Mariotti e Lia Diskin. São Paulo: Palas Athena, 2001.

MELLO, Celso Antônio Bandeira de. *Discricionariedade e controle jurisdicional*. 2. ed. São Paulo: Malheiros, 2012.

MENDONÇA, Eduardo. A constitucionalização da política: entre o inevitável e o excessivo. *In:* MENDES, Gilmar Ferreira; GALVÃO, Jorge Octávio Lavocat; MUDROVITSCH, Rodrigo de Bittencourt (Orgs.). *Jurisdição constitucional em 2020*. São Paulo: Saraiva, 2016. p. 114-154.

MENDONÇA, Maria Lírida Calou de Araújo e. *As organizações sociais entre o público e o privado*: uma análise de direito administrativo. Fortaleza: Universidade de Fortaleza, 2008.

MORAIS, Jose Luis Bolzan de; BRUM, Guilherme Valle. *Políticas públicas e jurisdição constitucional*: entre direitos, deveres e desejos. Porto Alegre: Livraria do Advogado, 2016.

MOREIRA NETO, Diogo de Figueiredo. *Legitimidade e discricionariedade*: novas reflexões sobre os limites e controle da discricionariedade. 3. ed. Rio de Janeiro: Forense, 1998.

MORIN, Edgar. Da necessidade de um pensamento complexo. *In:* MATINS, Francisco Menezes; SILVA, Juremir Machado. *Para navegar o século XXI*. Tradução de Juremir Machado Silva. 3. ed. Porto Alegre: Sulina/Edipucrs, 2003. p. 13-36. Disponível em: http://www.institutocarakura.org.br/arquivosSGC/DOWN_085123MorinDanecessidadedeumpensamentocomplexo.pdf. Acesso em: 25 jun. 2017.

MORIN, Edgar. *Para onde vai o mundo?* Tradução de Francisco Morás. 3. ed. Petrópolis: Vozes, 2012.

MUÑOZ, Jaime Rodríguez-Arana. *Direito fundamental à boa administração pública*. Tradução de Daniel Wunder Hachem. Belo Horizonte: Fórum, 2012.

MUÑOZ, Jaime Rodríguez-Arana. La buena administración como principio y como derecho fundamental en Europa. *Misión Jurídica: Revista de Derecho y Ciencias Sociales*, Bogotá, D.C. (Colombia), n. 6, p. 23-56, ene./dic. 2013.

NABAIS, José Casalta. A face oculta dos direitos fundamentais: os deveres e os custos dos direitos. *Revista Direito Mackenzie*, São Paulo, v. 3, n. 2, p. 9-30, 2015. Disponível em: http://editorarevistas.mackenzie.br/index.php/rmd/article/view/7246/4913. Acesso em: 16 dez. 2017.

NAFARRATE, Javier Torres. *Luhmann, sociologia primeira*. Prefácio I do livro '10 Lições sobre Luhmann'. Petrópolis: Vozes, 2016. p. 9-15.

NALINI, José Renato. Reflexos da sociedade pós-moralista no Brasil. *In:* MENDES, Gilmar Ferreira; CARNEIRO, Rafael Araripe (Coords.). *Gestão pública e direito municipal*: tendências e desafios. São Paulo: Saraiva, 2016. p. 475-486.

NAVES, Luís Emílio Pinheiro. Accountability horizontal, procedimentalização e a fase interna das licitações, dispensas e inexigibilidades. *In:* GUERRA, Evandro Martins; CASTRO, Sebastião Helvecio Ramos de (Coords.). *Controles externos*: estudos temáticos. Belo Horizonte: Fórum, 2012.

NEVES, Marcelo. *A constitucionalização simbólica*. 3. ed. São Paulo: WMF Martins Fontes, 2011.

NEVES, Marcelo. *Constituição e Direito na modernidade periférica*: uma abordagem teórica e uma interpretação do caso brasileiro. Tradução de Antonio Luz Costa. São Paulo: WMF Martins Fontes, 2018.

NEVES, Marcelo. *Entre Hidra e Hércules*: princípios e regras constitucionais como diferença paradoxal do sistema jurídico. São Paulo: WMF Martins Fontes, 2013.

NEVES, Marcelo. *Transconstitucionalismo*. São Paulo: WMF Martins Fontes, 2009.

OLIVEIRA, Gustavo Justino de; VARESCHINI, Julieta Mendes Lopes. Administração pública brasileira e os 20 anos da Constituição de 1988: momento de predomínio das sujeições constitucionais em face do direito fundamental à boa administração pública. *Fórum Administrativo – Direito Público – FA*, Belo Horizonte, ano 9, n. 95, p. 23-34, jan. 2009.

OLIVEIRA, Licurgo Joseph Mourão de; VIANA FILHO, Gélzio Gonçalves. Matriz de risco, seletividade e materialidade: paradigmas qualitativos para a efetividade das Entidades de Fiscalização Superiores. *Revista do Tribunal de Contas do Estado de Minas Gerais*, Belo Horizonte, v. 74, n. 1, p. 41-78, jan./mar. 2010. Disponível em: http://revista1.tce.mg.gov.br/Content/Upload/Materia/853.pdf. Acesso em: 17 jun. 2018.

OLIVEIRA, Rafael Carvalho Rezende. *Princípios do direito administrativo*. 2. ed. Rio de Janeiro: Forense; São Paulo: Método, 2013.

OTERO, Paulo. *Legalidade e administração pública*: o sentido da vinculação administrativa à juridicidade. Coimbra: Almedina, 2007.

PEGORARO, Lucio. Esiste un "diritto" a una buona amministrazione? (Osservazioni critiche preliminari sull'(ab)uso della parola "diritto"). *Istituzioni del Federalismo: Rivista di Studi Giuridici e Politici*, n. 5-6, p. 543-565, 2010.

PEREIRA, Artur Ramos de Araújo. Notas psicológicas sobre a vida cultural brasileira. *In:* MENESES, Djacir (Org.). *O Brasil no pensamento brasileiro*: manual bibliográfico de estudos brasileiros. Brasília: Senado Federal, 1998. 2v. (Coleção Brasil 500 Anos). p. 63-69.

PEREIRA, Thomaz H. Junqueira de A. Visões constitucionais – autoridade, legitimidade e interpretação. *In:* MENDES, Gilmar Ferreira; GALVÃO, Jorge Octávio Lavocat; MUDROVITSCH, Rodrigo de Bittencourt (Orgs.). *Jurisdição constitucional em 2020*. São Paulo: Saraiva, 2016. p. 191-202.

PESSOA, Robertônio Santos. Constitucionalismo, Estado e Direito Administrativo no Brasil. *Pensar: Revista de Ciências Jurídicas*, Fortaleza, v. 14, p. 71-88, n. 1, 2009. Disponível em: http://periodicos.unifor.br/rpen/article/view/827/1570. Acesso em: 16 maio 2018.

POST, Robert C.; REVA, B. Siegel. Constitucionalismo democrático. *In:* MENDES, Gilmar Ferreira; GALVÃO, Jorge Octávio Lavocat; MUDROVITSCH, Rodrigo de Bittencourt (Orgs.). *Jurisdição constitucional em 2020*. São Paulo: Saraiva, 2016. p. 484-495.

PRADO JÚNIOR, Caio. *Formação do Brasil contemporâneo*. São Paulo: Companhia das Letras, 2011.

PRESIDÊNCIA DA REPÚBLICA DO BRASIL. Orientações para o gestor municipal: Encerramento de mandato, 2016. Disponível em: http://www.portalfederativo.gov.br/publicacoes/guia-encerramento-de-mandato. Acesso em: 15 abr. 2017.

RAWLS, John. *Justiça e democracia*. Tradução de Irene A. Paternot. São Paulo: Martins Fontes, 2002.

RAWLS, John. *Uma teoria da justiça*. Tradução de Carlos Pinto Correia. Lisboa: Editorial Presença, 1993.

RESENDE, Maria Efigênia Lage de. O processo político na Primeira República e o liberalismo oligárquico. *In:* FERREIRA, Jorge; DELGADO, Lucilia de Almeida Neves. *O tempo do liberalismo oligárquico*: da Proclamação da República à Revolução de 1930 – Primeira República (1889-1930). 10. ed. Rio de Janeiro: Civilização brasileira, 2018. p. 81-110.

RIBEIRO, Darcy. *O povo brasileiro*: a formação e o sentido do Brasil. 3. ed. São Paulo: Global, 2015.

RIDDELL, Peter; HADDON, Catherine. *Transitions*: Preparing for of Government. Londres: Institute for Government, 2009. Disponível em: https://www.instituteforgovernment.org.uk/sites/default/files/publications/Transitions%20-%20preparing%20for%20changes%20to%20government.pdf. Acesso em: 15 abr. 2017.

RÍOS, Maximiliano Campos; CASTRO, Sílvio. *Transicion gubernamental*: uma agenda pendiente, [s.d.]. Disponível em: http://maxicamposrios.com.ar/wp-content/uploads/2015/11/Transici%C3%B3n-Gubernamental-CAMPOS-RIOS-CASTRO-SAAP-2015.pdf. Acesso em: 15 abr. 2017.

RISÉRIO, Antonio. *A cidade no Brasil*. 2. ed. São Paulo: Ed. 34, 2013.

RIVERO, Jean. *Direito Administrativo*. Tradução de Rogério Ehrhardt Soares. Coimbra: Livraria Almedina, 1981.

ROCHA, Leonel Severo. Teoria do Direito no século XXI: da semiótica à autopoiese. *Sequência*, Florianópolis, n. 62, p. 193-222, jul. 2011.

ROCHA, Leonel Severo; DUTRA, Jeferson Luiz Dellavalle. Notas introdutórias à concepção sistemista de contrato. *In:* ROCHA, Leonel Severo; STRECK, Lenio Luiz. (Orgs.). *Constituição, sistemas sociais e hermenêutica*: Programa de Pós-Graduação em Direito da UNISINOS: mestrado e doutorado. Porto Alegre: Livraria do Advogado; São Leopoldo: UNISINOS, 2005. p. 283-309.

RODRIGUES, Léo Peixoto; NEVES, Fabrício Monteiro. *A sociologia de Niklas Luhmann*. Petrópolis: Vozes, 2017.

RODRÍGUEZ, Darío. Los límites del Estado en la sociedad mundial: de la política al derecho. *In:* NEVES, Marcelo (Coord.). *Transnacionalidade do direito*: novas perspectivas dos conflitos entre ordens jurídicas. São Paulo: Quartier Latin, 2010. p. 25-52.

ROSE-ACKERMAN, Susan. *La corrupción y los gobiernos*: causas, consecuencias y reforma. Tradução de Alfonso Colodrón Gómez. Madrid: Siglo XXI de España editores, S.A., 2001. Título original: corruption and government: causes, consequences, and reform.

SALDANHA, Nelson. *O jardim e a praça*: o privado e o público na vida social e histórica. 2. ed. Rio de Janeiro: Atlântica, 2005.

SANTOS, José Anacleto Abduch. *Contratos administrativos*: formação e controle interno da execução: com particularidades dos contratos de prestação de serviços terceirizados e contratos de obras e serviços de engenharia. Belo Horizonte: Fórum, 2017.

SARLET, Ingo Wolfgang. *Dignidade da pessoa humana e direitos fundamentais na Constituição Federal de 1988*. 8. ed. Porto Alegre: Livraria do Advogado, 2010.

SARTRE, Jean-Paul. *L'existentialisme est un humanisme*. Paris: Gallimard, 1996.

SCHIER, Adriana da Costa Ricardo. Serviço público como direito fundamental: mecanismo de desenvolvimento social. *In:* BACELLAR FILHO, Romeu Felipe; GABARDO, Emerson; HACHEM, Daniel Wunder (Coords.). *Globalização, direitos fundamentais e direito administrativo*: novas perspectivas para o desenvolvimento econômico e socioambiental. Belo Horizonte: Fórum, 2011. p. 285-296.

SCHOENMAKER, Janaína. *Controle das parcerias entre o Estado e o terceiro setor pelos Tribunais de Contas*. Belo Horizonte: Fórum, 2011.

SELIGMAN, Felipe; BASILE, Juliano. STF: uma corte que pauta e é pautada pela imprensa. *In:* MENDES, Gilmar Ferreira; GALVÃO, Jorge Octávio Lavocat; MUDROVITSCH, Rodrigo de Bittencourt (Orgs.). *Jurisdição constitucional em 2020*. São Paulo: Saraiva, 2016. p. 155-170.

SILVA, Artur Stamford da. *10 lições sobre Luhmann*. Petrópolis: Vozes, 2016.

SILVA, Virgílio Afonso da. *Direitos fundamentais*: conteúdo essencial, restrições e eficácia. 2. ed. São Paulo: Malheiros, 2017.

SILVA, Virgílio Afonso da. Interpretação constitucional e sincretismo metodológico. *In:* SILVA, Virgílio Afonso da (Org.). *Interpretação Constitucional*. São Paulo: Malheiros, 2005. p. 115-143.

SIMIONI, Rafael Lazzarotto; BARRETO, Arthur; PAIM, Carolina; THOMASI, Lara; AMARAL, Lorena; GUARDA, Nicole Miranda; RIBEIRO, Rita. Direito e gradualismo autopoiético: o debate entre Luhmann e Teubner a respeito da autopoiese jurídica como um processo gradativo. *Argumenta Journal Law*, Jacarezinho-PR, n. 24, p. 283-302, jan./jun.2016.

SOUZA, Jessé. *A elite do atraso*: da escravidão à lava jato. Rio de Janeiro: LeYa, 2017.

SOUZA, Jessé. *A tolice da inteligência brasileira*: ou como o país se deixa manipular pela elite. São Paulo: LeYa, 2015.

SUNDFELD, Carlos Ari. *Direito administrativo para céticos*. 2. ed. São Paulo: Malheiros, 2014.

SUNSTEIN, Cass R.; MILES, Thomas J. Depoliticizing Administrative Law. John M. Olin *Program in Law and Economics Working Paper*, n. 413, p. 1-35, 2008. Disponível em: http://chicagounbound.uchicago.edu/cgi/viewcontent.cgi?article=1166&context=law_and_economics. Acesso em: 11 jul. 2017.

TEUBNER, Günther. *O direito como sistema autopoiético*. Tradução de José Engrácia Antunes. Lisboa: Fundação Calouste Gulbenkian, 1989.

URSI, Riccardo. *Le stagioni dell'efficienza*: i paradigmi giuridici della buona amministrazione. Santarcangelo di Romagna, IT: Maggioli Editore, 2016.

VALLE, Vanice Regina Lírio do. *Direito fundamental à boa administração e governança*: democratizando a função administrativa. 2010. 254 f. Tese (Pós-Doutorado em Administração) – Escola Brasileira de Administração Pública e de Empresas, Fundação

Getulio Vargas, Rio de Janeiro, 2010. Disponível em: http://bibliotecadigital.fgv.br/dspace/bitstream/handle/10438/6977/VANICE%20VALLE.pdf?sequence=1&isAllowed=y. Acesso em: 13 jul. 2017.

VIANA, Oliveira. Populações meridionais do Brasil: populações rurais do centro-sul. *In:* SANTIAGO, Silviano (Coord.). *Intérpretes do Brasil*. 2. ed. Rio de Janeiro: Nova Aguilar, 2002. v. 1, p. 896-1188.

VIANNA, Luiz Werneck. *A revolução passiva*: iberismo e americanismo no Brasil. 2. ed. Rio de Janeiro: Revan, 2004.

VIEIRA, Oscar Vilhena. *A batalha dos poderes*. São Paulo: Companhia das Letras, 2018.

WEFFORT, Francisco. *Espada, cobiça e fé*: as origens do Brasil. Rio de Janeiro: Civilização Brasileira, 2012.

WELTER, Henri. *Le contrôle juridictionnel de la moralité administrative*: étude de doctrine et de jurisprudence. Paris: Librairie du Recueil Sirey, 1929. Disponível em: http://www.stf.jus.br/bibliotecadigital/DominioPublico/54777/pdf/54777.pdf. Acesso em: 08 dez. 2017.

WOLKMER, Antonio Carlos. Repensando a questão da historicidade do Estado e do Direito na América Latina. *In:* WOLKMER, Antonio Carlos; VIEIRA, Reginaldo de Souza (Orgs.). *Estado, política e direito*: relações de poder e políticas públicas. Criciúma: Unesc, 2008. p. 12-20.

ZAGREBELSKY, Gustavo. *Il diritto mite*. Torino: Einaudi, 1992.

ZAGREBELSKY, Gustavo. *El derecho dúctil*. 6. ed. Tradução de Marina Gascón. Madrid: Trotta, 2005.

ZOLO, Danilo. *Il principato democrático*. Milano: Feltrinelli, 1996.

Esta obra foi composta em fonte Palatino Linotype, corpo 10
e impressa em papel Offset 75g (miolo) e Supremo 250g (capa)
pela Gráfica Formato.